新版

大学1・2年生のための

すぐわかる

ドイツ語

昴教育研究所講師……宍戸里佳 著

Deutsch

東京図書

　あなたは今、ドイツ語という新しい世界に足を踏み出そうとして、どきどきしていますか？ それとも、期待に満ちてドイツ語を始めてみたものの、裏切られることが多くて、「もううんざり……。でも、単位だけはどうにかしたい！」と思っているのでしょうか？

　あなたがどちらのタイプであっても、この本に裏切られることはないでしょう。ドイツ語を学ぶのに最低限必要なエッセンスを取り出し、じゅうぶんに噛み砕いて説明し、道に迷うことなくドイツ語の世界をご案内しようと思っています。

　ドイツ語は語形変化が多くて大変……、と思っている人は多いでしょう。語形変化が多いのは事実です。でも、すべてをやみくもに暗記する必要はありません。この本では、重要度を３段階に分け、試験が迫っていても焦らずに勉強できるよう、工夫してあります。

　各項目には、［法則］が設けてあります。その下には、訳付きの［例文］があります。この２つをセットで唱えていくうちに、文法事項が自然に頭に入っていくことでしょう。この［法則］は、本書のオリジナルです。無味乾燥な文法の約束事に名前を付けることで、親しみある存在にしていこうという狙いがあります。

　また、随所で英語との比較をしています。ドイツ語という未知の相手に出会った「ショック」をできるだけ和らげるのが目的ですが、同時に、英語という馴染みの相手を再発見できるかもしれません。ドイツ語の初心者がつまずくのは、「英語と違ってわかりにくい」点にありますが、具体的にどこが違うのか、何に気を付ければよいのかを解説しています。

　さあ、騙されたつもりでページをめくってみましょう。読み終わる頃にはきっと、単位ばかりか、ドイツ語という新しいパートナーが得られるかもしれませんよ！

新版へのまえがき

　本書が世に出て、早 15 年。意外にも「大学 1・2 年生」ではない、さまざまな世代の皆さんが読んでくださっていることがわかり、このほど「新版」として生まれ変わる運びとなりました。

　具体的には、概説書としての骨格は残したまま、独学でも力がつくように練習問題を増強しています。練習のための練習ではなく、ドイツ語の全体像をつかめるような問題になっていますので、総合力を養うのに最適です。ぜひ小手先ではないドイツ語力を身につけていってください。大学生の皆さんも、よい成績が取れますように！

1. 本書の構成について

全体を大きく5つのブロックに分けました。それぞれ前のブロックを受けて、発展していきます。文法項目がごちゃごちゃ混ざっているよりも、集中的に「動詞」や「格変化」を学んだほうが、効率がよいからです。まだ習っていない項目が途中にあっても、とりあえず続けて読んでみてください。

2. ［法則］と重要度について

［法則］とは、各項目の重要ポイントを短い言葉でまとめたものです。［法則］と［例文］は左ページに、解説は右ページにあります。［Notiz］は、［法則］を理解したあとで、「ついでに」読んでください。

また［法則］の隣には、★で重要度を示しました。★★★は、覚えるべき項目です。ここだけは、とにかく覚えてください。★★は、試験のためには覚えておいたほうがよい項目、★は、覚えなくても応用できる項目です。

3. 発音ルビについて

(1) 母音を伴わない子音は、小さな文字で表記してあります。

(2) アクセントのある部分は、太い文字で表記してあります。

(3) 「R」は平仮名のら行で表記してあります。

4. 練習問題について

(1) 「Mini-Übungen」（ミニ練習問題）

　　各課の終わりにあります。習ったことの確認に役立ててください。

(2) 「Übungen」（練習問題）

　　数課ごとにまとめて設けています。少し手ごたえのある練習問題を通して、自分なりのドイツ語像をつかみましょう。

(3) 「読んでみよう」

　　簡単な読解問題になっています。習ったばかりのドイツ語で、ヘルマンとミヒャエーラの世界をお楽しみください。

ことわりがき●ドイツだけでなく、オーストリア、スイス、ベルギー、ルクセンブルクなどの国々でも、ドイツ語が母国語として話されていますが、本書では便宜的に、「ドイツ人」とだけ記してあります。ご了解ください。

目　次

Kaffeepause

●

装丁●山崎幹雄デザイン室　　イラスト●田代まき

序 ———Einleitung

文法に入る前に、ドイツ語で使う**文字・記号**や**発音の
しかた**、**数字の読みかた**などを見ていきましょう。いず
れも、ドイツ語を知るうえでの**基礎の基礎**ですが、
いっぺんに覚えようとせず、そのうちに覚えられるだろ
う、とのんびり構えるのがコツです。さあ、それでは始
めましょう！

序 Lektion 1 ····· アルファベット

→ ●アルファベットの法則❶：母音はローマ字読み ★★★

A	E	I	O	U
「アー」	「エー」	「イー」	「オー」	「ウー」

→ ●アルファベットの法則❷：英語と同じ数だけある ★★

Aa	Bb	Cc	Dd	Ee	Ff	Gg
アー	ベー	ツェー	デー	エー	エフ	ゲー

Hh	Ii	Jj	Kk	Ll	Mm	Nn
ハー	イー	ヨット	カー	エル	エム	エヌ

Oo	Pp	Qq	Rr	Ss	Tt	Uu
オー	ペー	クー	エーる	エス	テー	ウー

Vv	Ww	Xx	Yy	Zz
ファオ	ヴェー	イックス	ユプスィロン	ツェット

H・e・r・m・a・n・n
ハー・エー・エーる・エム・アー・エヌ・エヌ

→ ●アルファベットの法則❶：母音はローマ字読み　　★★★

　初めてドイツ語を耳にすると、どのように聞こえるのでしょう？　幼少期をドイツで過ごした著者は、初めて英語を耳にしたとき、舌がくねくねして、ずいぶん口ごもった発音だなあ、という印象を受けました。ということは、ドイツ語はその反対ですから、「舌を丸めず、まっすぐで口ごもらない」発音に聞こえるはずです。

　まず、母音から見ていきましょう。母音はローマ字と同じ読みかたをします。英語の頭は捨ててくださいね。捨ててしまえば、ドイツ語の読みかたは、とっても簡単なはずなのです。

→ ●アルファベットの法則❷：英語と同じ数だけある　　★★

　ドイツ語のアルファベットの数は、英語と同じです。並びかたも同じです。（イタリア語などは数が少ないので、これは必ずしも「当たり前」のことではないのです！）

　ただし、読みかたはだいぶ違います。音楽を勉強している人には、AからHまでは音名などでおなじみですね。英語で「イー」と読む字が、「エー」となっています。英語よりも口を開けて、きちんと発音することが求められているのです。（グレーの文字は、英語の読みかたにほぼ対応しています。）

→　●アルファベットの法則❸：英語にない記号が４つ　

1. ウムラウト（変音）記号

Ä ä = 「アー」と「エー」の中間

Ö ö = 「オー」と「エー」の中間

Ü ü = 「ウー」と「イー」の中間

2. 結合した子音

ß = 「ss」

ミヒャエーラ、ぼくドイツ語を勉強してるんだ。

がんばってヘルマン！

●アルファベットの法則❸：英語にない記号が４つ

　アルファベットの数は英語と同じですが、英語にない記号があります。1つは母音の上につける点々で、ウムラウト記号とよばれています。ウムラウトとは、「変音」という意味です。その名のとおり、つけると音が変わります。

　まず、Ä ä（アー・ウムラウト）は「アー」と「エー」の中間になります。英語の *black* など、口を大きく開けた「エ」と同じ発音です。でも、日本語の「エ」で十分通じますし、e の発音と同じで大丈夫です。

　次に Ö ö（オー・ウムラウト）ですが、これがいちばん難しいかもしれません。「オー」と「エー」の中間です。「エー」と言いながら、口先だけをすぼめていくと、きれいに出ます。何度も練習してみてください。

　最後に Ü ü（ウー・ウムラウト）は、「ウー」と「イー」の中間です。日本人の感覚としては、「小さい『ュ』」が入ったような音です。

　英語にない子音は、1つだけです。「エス・ツェット」とよばれ、その名のとおり、s（エス）と z（ツェット）が1字に組み合わさった字です。ギリシア語の β みたいですね。読みかたは「ss」と同じで、辞書でも「ss」として扱われています。（なお、この ß は小文字しかありません。）

Mini-Übungen

ドイツ語で読んでみてください。

1. EU
2. USA
3. CD
4. DVD
5. PC
6. BMW

序 Lektion 2 …… 発音と読みかた

●読みかたの法則❶：ローマ字読みが基本　★★★

Nagel ナーゲル（くぎ）＊注　　　**Blume** ブルーメ（花）

Lampe ランペ（ランプ）　　　**Heft** ヘフト（ノート）

✓ *Notiz* ──●参考　★★★

　ウムラウト記号は、初めはとまどうと思います。「ア」が「エ」に、「オ」が「エ」に、「ウ」が「ユ」になるというのをしっかり頭に入れて、ごまかさずに読んでいきましょう。

ä：Däne デーネ（デンマーク人）　gähnen ゲーネン（あくびをする）
ö：Köln コェルン（ケルン）　　　Öde オェーデ（荒れ地）
ü：Glück グリュック（幸運）　　　Bühne ビューネ（舞台）

●読みかたの法則❷：二重母音の例外を覚えよう　★★★

1. ei「アイ」

Eis アイス（氷）　　　　**teilen** タイレン（分ける）

2. eu (äu)「オイ」

Leute ロイテ（人々）　　　**neu** ノイ（新しい）

3. ie「イー」

Liebe リーベ（愛）　　　**dienen** ディーネン（役に立つ）

✓ *Notiz* ──●参考　★★

　rが母音のあとに来たとき、**rが母音のようになります**。英語と似ていますが、くれぐれも舌を引っ込めないようにしてください。

oder オーダー（あるいは）　Bier ビーァ（ビール）
Natur ナトゥーァ（自然）　　lernen レーァネン（学ぶ）

また、yを母音として使うとき、üと同じ発音になります。

Typ テューープ（タイプ）　Ägypten エギュプテン（エジプト）

＊注 名詞はすべて大文字で書き始めます。

●読みかたの法則❶：ローマ字読みが基本　★★★

　それでは、実際の単語を読んでいきましょう。基本はローマ字読みです。aとあれば「アー」、eとあれば「エー」と読んでいけばいいのです。うれしいですね。

　アクセントはふつう第1音節にあります。ということは、単語の最初の音節を、「アー」「エー」と思い切り読めば、もうドイツ語らしく聞こえるのです。

　なお、アクセントのある音節は長く読むのですが、次に子音が2つ続いているときは短くなります。左側の例では、Lampe と Heft がそうです。でも、特に意識しなくても、短くしか読めないはずですので、「長く読めるときは長く読む」と覚えておいてください。

●読みかたの法則❷：二重母音の例外を覚えよう　★★★

　基本はローマ字読みですが、例外が3つあります。3つしかありませんので、しっかり覚えましょう。

　まず、ei と書いて「アイ」と読みます。（著者はドイツの小学校に入ったとき、これを最初に習った記憶があります。）ei だけでなく、ey も「アイ」と読みます。ai、ay なども、もちろん「アイ」です。

　次に、eu と書いて「オイ」となります。「エー」という音も「ウー」という音もなくなってしまいますので、注意してください。ä は e と読みかたがほぼ同じでしたので、äu も「オイ」になります。

　それから、ie が「イー」になります。e は長音記号、というわけですね。（ただし、綴り字によっては「イエ」と読むこともあります。）

　　◎その他の二重母音は、ローマ字のとおり読みます。
　　　au：Auge アウゲ（目）
　　　ee：Tee テー（紅茶）　など

●読みかたの法則❸：「s」は濁るのが基本

Sahne ザーネ（クリーム）　　　**singen** ズィンゲン（歌う）

※基本以外の読みかた

1. 単独の「s」は濁らない

　　hinaus ヒナウス（外へ）

2. 子音の前の「s」は濁らない

　　einst アインスト（かつて）

3. 「ss」「ß」は濁らない

　　essen エッセン（食べる）　　　**draußen** ドらウセン（外で）

✓ *Notiz*──●参考

「s」が他の子音と組み合わさると、いろいろな音になります。

1.「sch」は「シュ」：
　Schule シューレ（学校）　schneiden シュナイデン（切る）
　Mensch メンシュ（人間）

2.「sp-」は「シュプ」：
　spielen シュピーレン（プレーする）　Spaß シュパース（楽しみ）

3.「st-」は「シュト」：
　Stuhl シュトゥール（いす）　Student シュトゥデント（大学生）

4.「tsch」は「チュ」：
　tschüs チュース（バイバイ）　Deutsch ドイチュ（ドイツ語）

→ ●読みかたの法則❸：「s」は濁るのが基本　　★★

　さて、今度は子音に移りましょう。まず、s は濁ります。「サー」では
なく、「ザー」となるわけですね。s が濁ると、だいぶドイツ語らしく聞
こえてきます。

　ただし、濁らない場合もあります。例に挙げたように、「s」が単独の
ときや、子音の前にあるとき、それに、「s」が重なるときがそうです。
つまり、あとに母音が来たときのみ、濁るわけです。

　◎なお、「ss」の場合は音がつまって「小さい『ッ』」が入りますが、「ß」は前の
　母音を長く読みます。

彼らは歌っています。
Sie singen.
ズィー　ズィンゲン

✓ *Notiz 2* ──●参考

「s」の他にも、濁るか濁らないかで、英語と異なる子音がいくつかあります。おいおい覚えていきましょう。

1. 「j」は濁らない：Japan ヤーパン（日本）
2. 「v」はふつう濁らない：Volk フォルク（国民）
3. 「w」は濁る：Wien ヴィーン（ウィーン）
4. 「z」は濁らない：Zettel ツェッテル（紙切れ）　zwei ツヴァイ（2つの）

✓ *Notiz 3* ──●参考

ドイツ語の子音は、**最後まではっきり読みます**。そのため、最後に濁る子音があったとしても、**濁音が取れてしまいます**。「語末の清音化」とよばれる現象です。非常にドイツ語らしくなりますよ！

1. 「-b」→「-p」の音に：ab アップ（～から）
2. 「-d」→「-t」の音に：Geld ゲルト（お金）
3. 「-g」→「-k」の音に：Zug ツーク（列車）

●読みかたの法則❹：「r」は喉の奥を鳴らす

Regel れーゲル（規則）　　**Adresse** アドレッセ（住所）

✓ *Notiz* ──●参考

日本人が「r」と「l」を聞き分けることができないのは、有名な話ですね。これは英語だけではなく、ドイツ語でも同じです。ただし、それぞれの音はだいぶ違いますので、注意しましょう。

「r」はここで紹介したとおりですが、「l」も英語とは若干違います。英語のようにこもらず、舌もまっすぐです。**日本語のラ行と同じ発音で大丈夫です**。

→ ●読みかたの法則❹：「r」は喉の奥を鳴らす ★

　ドイツ語がドイツ語らしく聞こえるポイントはもう1つ、「r」の発音にあります。フランス語と同じく、喉を鳴らして出します。イタリア語のように、いわゆる巻き舌で発音する地方もあります。いずれにしても、英語の「r」とはまったく違うので、どちらかの音が出せるようにしましょうね。

　　◎喉の奥を鳴らすには、うがいをしてみましょう。声を出すと、喉が震えるのがわかるでしょうか？　要領がわかったら、だんだんに水を少なくしていってください。最後には、自分の唾だけで「うがい」ができるようにします。そのときに出る音が「r」です。
　　　著者は幼稚園のとき、自分の名前を正しく発音したくて、この方法を発見しました。初めのうちは、発音する直前に唾をためていましたが、だんだんすぐに出せるようになりましたよ。

● 読みかたの法則❺：「ch」は 2 通り　　　

1. a, o, u のあとは、喉の奥で「ハ」または「フ」

Bach バッハ（小川）　　　**kochen** コッヘン（料理する）

Tuch トゥーフ（布）

2. それ以外は、前のほうで「ヒ」

Teich タイヒ（沼）　　　**Recht** れヒト（権利）

Furcht フるヒト（恐れ）　　　**sicher** ズィヒャー（確かな）

✓ *N o t i z 1* ──● 参考　　　

「ch」の例外は、「-chs」となったときです。「クス」と読みます。
この場合、「s」は濁りません。

　　Wachs ヴァックス（ワックス）　　Sachsen ザクセン（ザクセン）

✓ *N o t i z 2* ──● 参考　　　

　その他、特殊な読みかたを挙げておきましょう。出てきたときに
読めればいいので、全部覚えようと焦らないでくださいね。

1. 「tz」は「ツ」、「tzt」は「ツト」：

　　Katze カッツェ（猫）　jetzt イェット（今）

2. 「dt」は「ト」：

　　Stadt シュタット（町）

3. 「tio」は「ツィオ」：

　　Nation ナツィオーン（国家）　Ratio らーツィオ（理性）

4. 「pf」は「プ」（p と f を同時に発音する）：

　　Pfeife プファイフェ（パイプ）　Kopf コプフ（頭）

5. 「qu」は「クヴ」：

　　Quelle クヴェレ（泉）

6. 「-ig」は「イヒ」：

　　wichtig ヴィヒティヒ（重要な）

●読みかたの法則❺：「ch」は2通り ★★

「ch」の音も、英語とは違うし、日本語にもないので、初めはとまど
うかもしれません。基本は、喉の奥で「ハッ」と、勢いよく息を当てて
出します。スペイン語の「j」のような音です。

◎「ハ」「フ」「ヒ」といろいろあって、読みかたに迷うかもしれませんが、どれ
も理にかなっているのです。ためしに、「ハ」「フ」を「ヒ」に、「ヒ」を「ハ」
「フ」に入れかえて読んでみてください。読みにくいですよね。あくまで自然に
読んでいけばいいのです。

ハッ!

✓ *N o t i z 3* ──●参考　★★★

　以上見てきたように、ドイツ語はすべての子音をはっきり発音するのが原則ですが、「h」だけは例外です。「h」は**無視されることが多いのです。**

　　1. 長音記号としての「h」:
　　　gehen ゲーエン（行く）　roh ろー（生の）
　　2.「rh」や「th」では無視:
　　　Rhein らイン（ライン河）　These テーゼ（命題）

Mini-Übungen

国名をドイツ語で読んでみましょう。

1. Frankreich　フランス
2. Schweden　スウェーデン
3. Spanien　スペイン
4. Griechenland　ギリシア
5. Deutschland　ドイツ

Kaffeepause

外来語の読みかた

「ドイツ語」が読めるようになったところで、今度は「外来語」に挑戦しましょう。ドイツ語にも、外国から入ってきた外来語が多数あります。どこから入ってきたかによって、読みかたのコツが変わります。

1. 英語

外来語がいちばん多いのは、近年ではなんといっても英語です。入ってきた時期が新しいほど、英語に近い発音になります。

Baby ベービー（赤ちゃん）……ふつうの「エー」
Jazz ジェーズ（ジャズ）……少し「ア」に傾いた「エー」
Handy ヘンディー（携帯電話）……英語と同じ発音

とはいっても、password をドイツ語風に「パスヴォルト」と読んでしまったり、Windows が「ヴィンドース」になってしまったりと、やはり母国語の影響は抜けないようです。

2. フランス語

お隣の国、フランスから入ってきた言葉も、ほぼそのとおり読みます。フランス語らしさを出すため、最後の音節にアクセントをつけ、鼻母音をものすごく強調します。

Restaurant レストローン（レストラン）
Engagement アンガージュモーン（雇用）
Cousin クゼーン（男のいとこ）
Saison ゼゾーン（シーズン）

そうはいっても、本場フランスの発音とはだいぶ違うようです。特に「s」はなんでも濁って読んでしまうので、フランス語に堪能な方々からは怒られてしまいそうですね。

序 Lektion 3 …… 数詞

→ ●数詞の法則❶：システムは英語と同じ ★★

1. 1から10まで

1：**eins** アインス	2：**zwei** ツヴァイ
3：**drei** ドらイ	4：**vier** フィーァ
5：**fünf** フュンフ	6：**sechs** ゼックス
7：**sieben** ズィーベン	8：**acht** アハト
9：**neun** ノイン	10：**zehn** ツェーン
	（0：**null** ヌル）

2. 11から20まで

11：**elf** エルフ	12：**zwölf** ツヴォエルフ
13：**dreizehn** ドらイツェーン	14：**vierzehn** フィーァツェーン
15：**fünfzehn** フュンフツェーン	16：**sechzehn** ゼヒツェーン
17：**siebzehn** ズィープツェーン	18：**achtzehn** アハツェーン
19：**neunzehn** ノインツェーン	20：**zwanzig** ツヴァンツィヒ

3. 20から90まで

20：**zwanzig** ツヴァンツィヒ	30：**dreißig** ドらイスィヒ
40：**vierzig** フィーァツィヒ	50：**fünfzig** フュンフツィヒ
60：**sechzig** ゼヒツィヒ	70：**siebzig** ズィープツィヒ
80：**achtzig** アハツィヒ	90：**neunzig** ノインツィヒ

4. 100以上

100：**hundert** フンデーァト

1000：**tausend** タウゼント

10 000：**zehntausend** ツェーン・タウゼント

1 000 000：**eine Million** アイネ・ミリオーン

→　●数詞の法則❶：システムは英語と同じ　

　ドイツ語の数字は、それほど難しくありません。システムは英語と同じなので、3 桁ごとに区切って読みます。そのほか、1 から 12 まで名前があること、13 から 19 は「-zehn」となること、20 から 90 は「-zig」となることなど、英語と本当によく似ていますね。それぞれの数詞の綴りも、英語と並べてみると、似ているのが実感できると思います。zwei = *two*、sieben = *seven*、elf = *eleven* など、まさに兄弟語という感じですね。

　1 から 10 までの数字は、この機会に覚えてしまいましょう。「ei」を「アイ」、「ie」を「イー」、「eu」を「オイ」と読むなど、読みかたの法則がたくさん出てきます。

　13 から 19 までは、基本的に 3 から 9 までの読みかたに「-zehn」をつけるだけでよいのですが、16 と 17 だけは例外です。それぞれ、少し短くなります。

　20 から 90 までについても、2 から 9 までの読みかたに「-zig」をつけるのですが、例外がいくつかあります。まず、20 は「zweizig」ではなく、「zwanzig」となります。それから、30 は「dreizig」ではなく、「dreißig」です。60 と 70 は、16・17 と同じように、少し短くなります。

●数詞の法則❷：2桁の数字は引っくり返って読む

21：**einundzwanzig** アイン・ウント・ッヴァンツィヒ

22：**zweiundzwanzig** ッヴァイ・ウント・ッヴァンツィヒ

⋮

99：**neunundneunzig** ノイン・ウント・ノインツィヒ

✓ *N o t i z* ──●参考

　年号は、2桁ずつに区切って読みます。1871年の場合、$18 \times 100 + 71$ となります。

　　1871年：achtzehn-hundert-ein**und**siebzig

　　　　　アハツェーン・フンデーァト・アイン・ウント・ズィーブツィヒ

　なお、参考のため、1871がただの数字の場合は、

　　1871：eintausend-achthundert-ein**und**siebzig

　　　　　アイン・タウゼント・アハト・フンデーァト・アイン・ウント・ズィーブツィヒ

となります。また、2000年以降は普通の数字と変わりません。

　　2008年：zweitausend-acht

　　　　　ッヴァイ・タウゼント・アハト

（本当はハイフンは入らないのですが、見やすいように入れてあります。）

　自分が生まれた年をドイツ語で言えるようにしておくと、応用がききますよ！

→　●数詞の法則❷：2桁の数字は引っくり返って読む　

　さて、ドイツ語を始めて最初に受けるショックが、この「2桁の壁」
でしょう。なんと、21は「二十一」と読まずに、「一と二十」と読むの
です！　びっくりですね。

　作りかたは、簡単です。一の位をまず読み、「und」（〜と）を間に入れ、
十の位を読みます。例外は、一の位が1のときだけです。「eins」となら
ず、「ein」となります。

　◎ドイツ語の数詞は、ずらーっと1語で書きます。それだと少々見にくいので、
　　わかりやすいように、「und」の部分に下線を引いておきました。

　◎3桁の数字は、「百の位→一の位→十の位」の順番で読みます。
　　153：hundert-dreiundfünfzig フンデーァト・ドらイ・ウント・フュンフツィヒ
　　246：zweihundert-sechsundvierzig ツヴァイ・フンデーァト・ゼックス・ウント・フィーァツィヒ
　（本当はハイフンは入らないのですが、見やすいように入れてあります。）

引っくり返って…

そうじゃなくて.

●数詞の法則❸：序数は「-t」か「-st」をつける　

1.： **erst** エァスト

2.： **zweit** ツヴァイト

3.： **dritt** ドリット

4.： **viert** フィーアト

5.： **fünft** フュンフト

6.： **sechst** ゼクスト

7.： **siebt** ズィーブト

8.： **acht** アハト

9.： **neunt** ノイント

10.： **zehnt** ツェーント

20.： **zwanzigst** ツヴァンツィヒスト

21.： **einundzwanzigst** アイン・ウント・ツヴァンツィヒスト

100.： **hundertst** フンデーアット

●数詞の法則❸：序数は「-t」か「-st」をつける

　最後に、序数を見ていきましょう。「何番目の」という言いかたですね。英語では *-th* となりましたが、ドイツ語では「-t」または「-st」になります。これもまた似ていますね。

　具体的には、**19** までは「-t」、**20** からは「-st」がつきます。**1** と **3** は、例外的に語幹が変わり、「erst」「dritt」となります。**7** は少し短くなります。**8** はすでに「-t」がついているので、そのままです。**20** 以降に、例外はありません。

　◎序数は形容詞になりますので、形容詞の法則がすべてあてはまります。詳しくは、形容詞のそれぞれの項目を参照してください。

　◎数字で書くときは、数字のうしろに「.」をつけます。ピリオドと同じ記号ですが、ここで文が終わるわけではありません。

Mini-Übungen

ドイツ語で読んでみましょう。

1. 36
2. 83
3. 128
4. 713
5. 1648 [(a) 年号の場合、(b) 数字の場合]

Kaffeepause

2桁の数字

　ドイツ語の数字の世界、いかがでしたか？　なかなか堅実な響きがしますよね。数詞を聞いただけでも、ドイツ語らしさにあふれているような気がします。すべてを最後まで言い切るドイツ語。これからどっぷり漬かってくださいね！

　ところで、ドイツ語の数詞は、システム自体は難しくないのですが、2桁の数字の読みかたは、おおいにとまどうところだと思います。実際、こんな読みかたをする言語は他にないらしくて、著者が留学していたマインツでも、外国人同士で集まるたびに、「私の国ではそんな言いかたをしない！」と皆で嘆いていたものです。

　それでは、ドイツ人はどうなのでしょう？　頭が混乱することはないのでしょうか？　著者が体験した限りでは、「混乱」はしないようです。ただ、少し「面倒」なようです。数字を聞き取る際に、一の位から書いていくのを、何度か目撃したことがあります。2桁ならまだよいですが、3桁以上になったとき、左から順番に書けないわけですから、少々面倒ですよね。

　また、「電話番号は2桁ずつ言う」と習ったので、電話番号を聞かれると、一生懸命2桁ずつ答えていましたが、あるとき、著者が十の位を言い終わるのを待って、2桁を左からいっぺんに書く人がいました。また別の人は、電話番号を左から順に、1桁ずつ言っていました。そんな経験から、著者も、電話番号は1桁ずつ言うようになりました。そのほうがやはり、すっきりするようです。

　逆にそんなドイツ人が、いざ英語の数字を言うときにはどうするのだろうか……、と思ってしまいますね。いつか尋ねてみたいと思っています。

第1部 ——— Teil I

動詞【前編】

ここではまず、**動詞の現在形**と**語順**を見ていきます。**ワク構造**や**副文**など、ドイツ語らしい**文の組み立て**も登場します。第1部が終わるころには、**ドイツ語の骨格**がおぼろげながらも浮かび上がってくることでしょう。動詞がなぜ変化するのか、動詞の位置がなぜ重要なのか、ここでしっかり理解してしまいましょう。

Teil **I** Lektion **1** …… 現在形の活用

（1）規則変化

→ ●現在形の法則❶：すべての人称で活用語尾が違う

> **Ich trinke. Trinkst du?*注1 Er trinkt auch.**
> イッヒ　トリンケ　トリンクスト　ドゥー　　エァ　トリンクト　アウホ
>
> 僕は飲むよ。君は飲む？　彼も飲むんだ。

→ ●現在形の法則❷：不定形の en を取って語尾をつける ★ ★ ★

● trink-en ●飲む　　　　　　　　　　　*注2

単数人称	複数人称
ich trink-e イッヒ　トリンケ	**wir trink-en** ヴィア　トリンケン
du trink-st ドゥー　トリンクスト	**ihr trink-t** イーァ　トリンクト
er（sie/es）trink-t エァ（ズィー/エス）トリンクト	**sie trink-en（Sie trink-en）** ズィー　トリンケン　（ズィー　トリンケン）

✓ *N o t i z* ──●参考

　ドイツ語の**人称**は、英語とほぼ対応しています。*I* = ich、*you* = du、*he* = er、*she* = sie、*it* = es、*we* = wir、*you* = ihr、*they* = sie というように、形が似ているものも多いですね。

　気を付けるところは、sie です。「**彼女は**」という三人称単数と、「**彼らは**」という三人称複数の両方で登場します。さらに、「**あなたは**」「**あなたがたは**」という二人称の敬称（単複ともに）でも使います。つまり、**4種類**あるんです！

　見分けかたは2つあります。まず、**大文字かどうか**を見ましょう。文中で大文字なら、二人称の敬称です。次に、**活用語尾**を見ましょう。「t」で終わっていたら、三人称単数ですね。女の人が一人ですよ。

---

*注1　ドイツ語の疑問文は、主語と動詞の順番を入れかえるだけで作れます。
Teil I-2「動詞の位置」を参照してください。

●現在形の法則❶：すべての人称で活用語尾が違う ★

いきなり最初から、英語と大違いですね。英語の現在形は、ほとんどが原形を使い、いわゆる「三単現」に s をつけるだけですみました。ドイツ語は、すべての人称に違った語尾がつきます。

例文では、「trink」のあとに、「e」「st」「t」という 3 種類の語尾がついていますね。

●現在形の法則❷：不定形の en を取って語尾をつける ★★★

これが、現在形の人称変化です。変化の仕組みを見ていきましょう。

動詞の不定形は、「en」で終わっています。（「n」だけで終わる動詞もあります。）まず、この不定形から語尾の「en」を切り離します。「trinken」から「en」を切り離すと、「trink」になりますね。これが動詞の語幹です。（英語の「drink」とよく似ていますね！）

この語幹に、活用語尾をつけていきます。ich の場合は「e」、du の場合は「st」、er/sie/es の場合は「t」、wir の場合は「en」、ihr の場合は「t」、sie/Sie の場合は「en」がつきます。

この 6 種類の語尾は、どの動詞でも同じです。ぜひ早めに覚えてしまいましょう。覚えるときは、このような 3 × 2 の表を使うのが便利です。左側に単数人称、右側に複数人称がまとまっているので、一人のときの語尾と、複数いるときの語尾が、感覚でつかめます。

この表をじっと眺めてみましょう。wir と sie（Sie）の語尾が同じだ！——しかも不定形と同じになる！　ということがわかりますね。

それから、er と ihr の語尾も同じですね。6 種類だと思っていたのが、4 種類に減りました。少し楽になりましたね。

ich と du は、会話でしょっちゅう使うので、意識しなくてもそのうち覚えられると思います。さあ、もう覚えられましたね。

*注2　大文字の「Sie」は二人称の敬称ですが、動詞の活用が三人称複数の「sie」と同じなので、便宜上この位置に入れてあります。

●現在形の法則❸：進行形と未来も表す

Karin? — Ich esse!
カーリン　　　　イッヒ　エッセ

カーリン？──今食べてるの！
　　　　　　（または）これから食べるの！

●現在形の法則❸：進行形と未来も表す

　形がわかったら、用法も確認しておきましょう。英語と違うのは、次の2点です。

1. ドイツ語には現在進行形がありません。つまり、**現在形で進行形を代用**します。

2. 未来形はドイツ語にもありますが、「**すでに予定された未来**」は現在形で表します。「来年は 20 歳だ」「明日医者に行くよ」などがそうです。

現在形が実際に何を表しているのかは、**文脈**によって決まってきます。具体的には、一緒に添える**副詞**などでわかることが多いです。

Ich esse gerade.　いまちょうど食べているところです。
　　　　ゲらーデ

Ich esse in zwei Stunden.　2時間後に食事をします。
　　　イン ツヴァイ シュトゥンデン

（2）不規則変化

→ ●現在形の例外❶：不規則な動詞は du と er で語幹の音が変化 ★★★

Erich fährt nach Paris? Wir fahren mit!
エーリヒ フェーアト ナーハ パリース ヴィア ファーれン ミット

エーリヒがパリへ行くって？　一緒に行くぞ！

Sie sprechen Französisch.*注 Er spricht
ズィー シュプれッヒェン フランツェーズィッシュ エァ シュプリヒト
Französisch!
フランツェーズィッシュ

パリではフランス語だね。彼はしゃべれるから！

● fahr-en ●（乗り物で）行く

単数人称	複数人称
ich fahr-e イッヒ ファーれ	**wir fahr-en** ヴィア ファーれン
du fähr-st ドゥー フェーアスト	**ihr fahr-t** イーア ファーアト
er (sie/es) fähr-t エァ（ズィー/エス）フェーアト	**sie fahr-en (Sie fahr-en)** ズィー ファーれン（ズィー ファーれン）

● sprech-en ●話す

単数人称	複数人称
ich sprech-e イッヒ シュプれッヒェ	**wir sprech-en** ヴィア シュプれッヒェン
du sprich-st ドゥー シュプリヒスト	**ihr sprech-t** イーア シュプれヒト
er (sie/es) sprich-t エァ（ズィー/エス）シュプリヒト	**sie sprech-en (Sie sprech-en)** ズィー シュプれッヒェン（ズィー シュプれッヒェン）

*注 この文の「sie」は三人称複数で、英語の *they = people* にあたります。「彼ら（＝
フランスの人々）はフランス語を話す」という意味です。

→ **●現在形の例外❶：不規則な動詞は du と er で語幹の音が変化** ★ ★ ★

　さて、次は不規則変化です。でも、ご安心ください。不規則な変化を するといっても、**活用語尾は規則変化と同じです。**今まで覚えたものが 使えます。では、何が変わるのでしょう？

　語幹の音が変わるのです。語幹とは、不定形から「en」を切り離した ものでしたね。「fahren」だと、「fahr」になります。これに現在形の語 尾をつけてみましょう。

　どうですか？　活用語尾は、今まで覚えたものと同じですね。wir と sie（Sie）では「en」がついて不定形と同じになっていますし、er と ihr は「t」で終わっています。

　ところが、**du と er の部分で、語幹の「a」に点々がついている**こと にお気付きでしょうか。点々、つまりウムラウトがつくと、音が変化して、 「ア」（a）が「エ」（ä）になります。これが、**不規則変化の第1パター ン**です。

　第2パターンは、「エ」（e）が「イ」（i）になります。「sprechen」の 例で確認してください。

　いずれのパターンでも、**du と er の活用で語幹が変化しています。**そ の結果、規則変化と違って、er と ihr の活用形が同じにならないのもお わかりですね。

　第3パターンは、「エー」（e）が「イー」（ie）になります。でも、音 自体は第2パターンと同じなので、特に覚える必要はないですね。代表 的な動詞は「sehen（ゼーエン）」（見る）です。ich seh-e（ゼーエ）, du sieh-st（ズィー スト）, er sieh-t（ズィート）というように活用します。

（3）重要動詞

●現在形の例外❷：*be* 動詞は sein、*have* は haben ★ ★ ★
　　　　　　　　　　ザイン

● sein ●～である

単数人称	複数人称
ich bin イッヒ　ビン	**wir sind** ヴィァ　ズィント
du bist ドゥー　ビスト	**ihr seid** イーァ　ザイト
er (sie/es) ist エァ (ズィー/エス) イスト	**sie sind (Sie sind)** ズィー ズィント (ズィー ズィント)

● haben ●～を持つ

単数人称	複数人称
ich habe イッヒ　ハーベ	**wir haben** ヴィァ　ハーベン
du hast ドゥー　ハスト	**ihr habt** イーァ　ハプト
er (sie/es) hat エァ (ズィー/エス) ハット	**sie haben (Sie haben)** ズィー ハーベン (ズィー ハーベン)

√ *N o t i z 1* ──●参考　　　　　　

　現在形の語尾はどの動詞でも同じ、というお話をしました。この原則には、例外が3つあります。1つは「sein」で、上で見たように特殊な活用をしました。もう1つは「**werden** (ヴェァデン)」（～になる）で、er **wird** (ヴィァト) のように、三人称単数の語尾が「d」になります。3つめは「**wissen** (ヴィッセン)」（知っている）です。**ich** でも音が変わる上に、**ich** と **er** の活用に語尾がありません！「Ich **weiß** (ヴァイス)！」（知ってるよ）と言えるようにしておきましょうね。

→ ●現在形の例外❷：*be* 動詞は sein、*have* は haben ★ ★ ★

　最後に、重要動詞の活用変化を覚えてしまいましょう。英語と同じく、sein も haben も、助動詞として使われる重要な動詞ですので、使いこなすには、早いうちに覚えてしまう必要があります。

　sein の現在人称変化は、不定形とは似ても似つかない形になります。しかも、wir と sie（Sie）で不定形と同じにならない、唯一の動詞です！ihr の活用語尾は「t」ではないし（読みかたは「t」と同じですが）、ich と du で「b」が出てくるのも不可解ですね。三人称単数の「ist」だけ、英語の「*is*」に似ているのが救いですね。

　haben は、sein に比べるとまだ素直です。du と er の活用で、真ん中の「b」が抜けているだけですね。

ぼくライオンだよ。
Ich bin Löwe.

きみはネコなの。
Hermann, du bist „Katze".

✓ *N o t i z 2* ——●参考

　　現在形の語尾をつけようとすると、動詞によっては、発音できない活用形が出てきます。例えば「sitzen（ズィッツェン）」（座っている）。ich sitz-e（ズィッツェ），du sitz-st とくると、舌の先が困ってしまいますね。このような場合は、「s」を取って du sitz-t（ズィット）となります。

　　他に、「arbeiten（アーるバイテン）」（働く）は ich arbeit-e（アーるバイテ），du arbeit-st, er arbeit-t となって、やはり発音が不可能です。このようなときは「e」を加えます。du arbeit-**est**（アーるバイテスト），er arbeit-**et**（アーるバイテット）となれば、安心して発音できますね。

　　原則と違う綴りになる活用形は、「**発音上しかたがないんだ**」と思って、あきらめてください。（または、ドイツ人になりきって、「このほうが発音しやすいんだ！」と事情通の顔をしましょう！）

Mini-Übungen

正しい活用形を入れてください。

1. Erich〔　　　　　　　〕Englisch und Russisch?〔lernen〕
   エーリヒは英語とロシア語を習っているんだって？

2. Ich〔　　　　　　　〕gerne einkaufen.〔gehen〕
   買物に行くのが好きだ。

3. Karin〔　　　　　　　〕sehr lange.〔schlafen 不規則〕
   カーリンはとても長く眠る。

4. Du〔　　　　　　　〕Boris einkaufen!〔helfen 不規則〕
   ボーリスの買物を手伝いなさい！

Kaffeepause

du と Sie の使い分け

　二人称の使い分けは、英語にはなかったので、とまどう人もいることでしょう。原則として、du は友だち・家族・子どもに対して使います。でも、友だちかどうか、家族かどうか、子どもかどうか微妙なときは、どうすればよいのでしょう……?

1. 友だちの範囲

　現代では、大学生同士ならすぐに du で話してよいことになっています。どんなに歳をとった大学生でも、です。もちろん、知り合いでなくても du で話しかけて OK です。

　それ以外の場合は、Sie から始めるのが無難です。すぐに du に切り替わることもありますし、何年か経って、「du で話そう!」と提案し、切り替えることもあります。

2. いつまで子どもなの?

　だいたい 15 〜 16 歳で切り替わることが多いようです。日本でいえば、高校生からですね。著者は小 5 から中 3 までドイツにいて、日本人学校に通っていましたが、中 2 か中 3 の頃、町で 1 回だけ Sie で話しかけられ、感激した覚えがあります。「聞き間違いじゃないの?」と親には信じてもらえませんでしたが……。

3. 家族かどうか

　これも微妙な問題を含んでいます。現代では、結婚相手の家族に対しても du で話すことが多いようです。du に切り替わるのは、婚約したときか、結婚したときのようです。

4. 英語の *you* は du?　それとも Sie?

　英語には du と Sie の使い分けがありません。そのため、ドイツ人はとてもうらやましいと思っているようです。だれにでも du で話しかけられると思っているからです。

　でも、英語を話す人びとにとって、*you* = du ではなく、*you* = Sie のようです。そのため、*you* にはとても冷たいイメージがあるようです。だから、すぐにファーストネームを使いたがるのでしょうね。

Teil **I** Lektion **2** ······ 動詞の位置

（1）通常文

 ●動詞の位置の法則❶：動詞は **2** 番目に来る

Wir haben heute Deutsch.
ヴィア　　ハーベン　　ホイテ　　　　ドイチュ

今日はドイツ語があるよ。

 ●動詞の位置の法則❷：動詞と主語が引っくり返る ★ ★ ★

Heute haben wir Deutsch.
ホイテ　　ハーベン　ヴィア　　ドイチュ

今日はドイツ語があるよ。

Deutsch haben wir heute.
ドイチュ　　ハーベン　ヴィア　ホイテ

ドイツ語が今日あるんだ。

✓ **_Notiz_**──●参考

　主語以外のものを先に言うのは、**その部分を強調**したいからです。
日本語と同じですね。例文ではそれぞれ、「今日はね」「ドイツ語がね」
ということを強調したいのです。

　また、**思いついた順に話せる**という利点もあります。

→ ●動詞の位置の法則❶：動詞は 2 番目に来る ★

さて皆さん。動詞の現在形はバッチリですか？　ドイツ語は主語の人称によって動詞の活用が違ってくるので、活用形を覚えないと何もしゃべれない、というのがおわかりいただけたかと思います。

動詞の形がわかったら、次は**動詞の位置**です！　英語の経験から、「動詞は主語の次に来るもの」と思っていませんか？　ドイツ語では、この思い込みは捨てましょう。

とはいっても、**主語が先に来れば、動詞は主語の次に来ます**。例文では「wir」が主語、「haben」が動詞。一人称複数なので、動詞が「en」で終わっていますね。

→ ●動詞の位置の法則❷：動詞と主語が引っくり返る ★★★

この法則は、体で覚えてしまいましょう。ここでも、[**法則❶：動詞は 2 番目に来る**]があてはまります。これは絶対に動かせません。つまり、**主語以外のものが先に来たとき、動詞がまず来て、結果的に主語があとになるのです！**

初めの例文は、「heute」という副詞を先に持ってきています。副詞→動詞→主語、という順番になっています。

次の例文は、「Deutsch」という目的語が先です。目的語→動詞→主語、となっていますね。

◎「主語があとに来たら困りませんか？」という質問をよく受けますが、ドイツ人は困っていないようです。動詞を軸に主語の位置が回転することを体で感じ、ドイツ人になりきってしまいましょう！

◎「主語があとに来たら、主語だとわからないのでは？」という心配は、ご無用です。そのために、活用形があるのです！　2 つめの例文では「Deutsch」が目的語ですが、これが主語だとすると、動詞の活用語尾が三人称単数になっていなくてはなりません。そうなっていないので、「haben」という活用形を見たときに、「あ、主語じゃなかったんだ」とわかるわけです。（主語を見分けるもう 1 つの方法は、格変化です。Teil II「名詞その他【前編】」を参照してください。）

（2）疑問文

 ●動詞の位置の例外❶：疑問文は動詞で始まる ★★★

Haben wir heute Deutsch?
ハーベン　　ヴィア　　ホイテ　　　ドイチュ

今日はドイツ語ある？

✓ *N o t i z* ──●参考

　　疑問詞のついた疑問文は、動詞が2番目に来ます。原則どおりで
すね。
　①疑問詞が主語の場合
　　　Wer **hat** heute Deutsch （ヴェア・ハット・ホイテ・ドイチュ）?
　　　　今日ドイツ語がある人はだれ？
　②疑問詞が主語以外の場合
　　　Wann **hast du** Deutsch （ヴァン・ハスト・ドゥー・ドイチュ）?
　　　　君はいつドイツ語があるの？

（3）命令文

 ●動詞の位置の例外❷：命令文は動詞で始まる ★★★

Geh sofort nach Hause!
ゲー　　ゾーフォルト　　ナーハ　　ハウゼ

すぐに家に帰りなさい。

Sprich leise!
シュプリッヒ　　ライゼ

静かに話しなさい。

→ ●動詞の位置の例外❶：疑問文は動詞で始まる　

　ドイツ語の疑問文の作りかたは、とっても簡単です。動詞で始めて、次に主語を持ってくればよいのです。英語に比べて楽なもの、ありましたね！

ミヒャエーラもネコなの？
Ist Michaela auch „Katze"?

……

→ ●動詞の位置の例外❷：命令文は動詞で始まる　

　命令文も、動詞で始まります。du に対する命令形は、動詞の語幹をそのまま使います。つまり、語尾が何もつかない形ですね。（「-e」をつけることもあります。）ただし、不規則変化の第2・第3パターンでは、変化した音を命令形でも使います。このとき、語尾はつけません。（sprechen → du sprichst → Sprich!）

　　◎命令文では、英語と同じく、原則として主語は省略します。特に強調したいと
　　　きだけ、主語を入れます。
　　　Geh du sofort nach Hause!
　　　　君、すぐに家に帰りなさい。

　なお、命令文には必ず「！」をつけることになっています。叫んでいなくても、です。（今は省略する人も多いようですが……。）

✓ *N o t i z 1* ──●参考　　

　ドイツ語の命令形は、3種類あります。**命令する相手が3種類あ**るからです。二人称が3つありましたね。

　ihr に対する命令形は、「語幹 + t」です。現在形の活用と同じなので、楽ですね。

　　Geht sofort nach Hause （ゲート・ゾーフォルト・ナーハ・ハウゼ）!
　　Sprecht leise （シュプレヒト・ライゼ）!

　Sie に対する命令形も、**現在形の活用と同じ**、つまり不定形と同じです。これもうれしいですね。なお、Sie に対するときだけ、主語の「Sie」が文中に残ります。

　　Gehen Sie sofort nach Hause （ゲーエン・ズィー・ゾーフォルト・ナーハ・ハウゼ）!
　　Sprechen Sie leise （シュプレッヒェン・ズィー・ライゼ）!

　なお、Sie に対する命令文は、文末の「！」を「？」に置きかえると、そのまま疑問文になります。

✓ *N o t i z 2* ──●参考　　

　sein 動詞の命令形は、Sie に対するときに特殊な形になります。

　du の場合は語幹を使い、ihr の場合は現在形と同じですので、結局3つとも同じ音で始まりますね。

　　Sei ruhig （ザイ・るーイヒ）!　 静かに！
　　Seid pünktlich （ザイト・ピュンクトリヒ）!　 時間どおりに来てね！
　　Seien Sie bitte tapfer （ザイエン・ズィー・ビッテ・タプファー）!　 気をしっかりお持ちになって！

✓ *N o t i z 3* ──●参考　　

　英語の *Let's* 〜にあたる言いかたもあります。この場合は wir を使い、やはり動詞が最初に来ます。

　　Gehen wir nach Hause （ゲーエン・ヴィァ・ナーハ・ハウゼ）!
　　家に帰ろうよ。

　この文も、文末の「！」を「？」に置きかえると疑問文になります。

Mini-Übungen

指示に従って書きかえましょう。

1. Erich macht Hausaufgabe zu Hause.
   エーリヒは家で宿題をしている。
   → a. Zu Hause で文を始めて
      b. 疑問文に
      c. Sie に対する命令文に

2. Du sprichst heute Französisch mit Marie.
   君は今日、マリーとフランス語で話しているね。
   → a. Heute で文を始めて
      b. 疑問文に
      c. du に対する命令文に

Übungen 1

〔1〕主語を変えて、新しい文を作ってください。

1. Ich bin groß.　私は背が高い。

(1) du　　→ _____

(2) er　　→ _____

(3) Sie　→ _____

2. Wir haben Hunger.　私たちはお腹がすいている。

(1) ich　　→ _____

(2) Marie → _____

(3) ihr　　→ _____

3. Gehen sie schon?　彼らはもう行ってしまうのですか?

(1) du　　→ _____

(2) er　　→ _____

(3) wir　→ _____

4. Arbeiten Sie hier?　あなたはここで仕事をしているのですか?

(1) du　　　→ _____

(2) Erich → _____

(3) ihr　　→ _____
　　※発音しにくい場合に「e」を加えます。(→ p.32)

5. Wie heißen Sie?　あなたのお名前は?

(1) du　　　　　　　→ _____

(2) ihr　　　　　　　→ _____

(3) sie［三人称単数］→ _____
　　※語幹が「s」の発音で終わるので、活用語尾の「s」は省略します。

6. Wo schlafen wir?　私たちはどこで寝るのですか？

(1) ich　　→　_____

(2) du　　→　_____

(3) er　　→　_____

※不規則動詞です。二人称単数・三人称単数で音が変わります。

7. Helfen Sie!　手伝ってください。

(1) du　　→　_____

(2) ihr　　→　_____

(3) wir　　→　_____

※不規則動詞です。命令形でも音が変わったままです。

---

〔2〕誤りを直し、正しい文を書いてください。

1. Morgen ich fahre nach Berlin.　明日私はベルリンへ行きます。

　→　_____

2. Heute zu Hause ist er.　彼は今日、家にいます。

　→　_____

3. Wann du fährst nach Paris?　君はいつパリへ行くのですか？

　→　_____

4. Französisch spricht wer?　だれがフランス語を話しますか？

　→　_____

5. Trinkst Wein, Erich!　エーリヒ、ワインを飲んで。

　→　_____

6. Essen bitte hier!　ここでお召し上がりください。

　→　_____

Teil **I** Lektion **3** ······ **分離動詞**

→ ●分離動詞の法則❶：動詞が分離する　　　★

Ich stehe auf.
イッヒ　シュテーエ　アウフ

私は立ち上がる（起き上がる）。

Erich kommt zurück.
エーりヒ　　コムト　　　ツーりュック

エーリヒが帰ってくる。

→ ●分離動詞の法則❶：動詞が分離する ★

　このあたりから、ぐんとドイツ語らしくなってきます。ドイツ語の文構造をややこしくするトップ選手は、分離動詞かもしれません。でも、難しくはありません。友だちになってしまいましょう。

　英語にも、分離動詞のようなものはあります。

　　　I get up. … Ich stehe auf.

　どうですか？　よく似ていませんか？

　違うところは、英語の場合は「*get*」の項目を辞書で引けば「*get up*」の意味もわかるのですが、ドイツ語の場合は「stehen」ではなく、「aufstehen (アウフ・シュテーエン)」を引かないと出てこない点です。

　これが、分離動詞の特徴です。**不定形は１語なのに、実際に活用すると分離してしまうのです。そして、前にあったものが後ろに行きます。**

　２つめの例文は、もうおわかりですね。動詞の不定形は「zurückkommen (ツーリュック・コンメン)」です。

　　◎分離動詞で分離する部分のことを、前綴りといいます。発音するときは、この
　　部分にアクセントが来ます。分離動詞の前綴りは副詞が多く、特に前置詞と同
　　じ形の副詞がたくさんあります。前置詞が文中・文末で余ってしまったら、分
　　離動詞かも!?　と思って読んでいくと、動詞のペアが次々できて、楽しくなり
　　ますよ。

●分離動詞の法則❷：ワク構造を作る

Ich stehe **jeden Morgen um sieben Uhr** auf.
イッヒ　シュテーエ　イェーデン　　モーるゲン　　ウム　　ズィーベン　　ウーァ　アウフ

私は毎朝 7 時に起きる。

Erich kommt **ganz spät nach Hause** zurück.
エーりヒ　　　コムト　　　　ガンツ　シュペート　ナーハ　　ハウゼ　　　ツーりュック

エーリヒはとても遅い時間に家に帰ってくる。

✓ *N o t i z 1* ──●参考

　　前綴りがあっても分離しない、**非分離動詞**というものもありま
す。分離しないので、ふつうに活用させれば OK です。今の段階では、
分離しない動詞、とだけ覚えておいてください。（なお、非分離動詞
の前綴りには**アクセントがない**ので、前綴りの次を強く読みます。）

✓ *N o t i z 2* ──●参考

　　分離動詞が**分離しないとき**もあります。**不定形**がまずそうですね。
他には**過去分詞**や **zu 不定詞**、**副文**を作るときに分離しません。あ
とで出てきますので、それぞれの項目で確認してください。

→ ●分離動詞の法則❷：ワク構造を作る

さて、分離動詞が分離すると、**遠く離れてしまいます！** 間にいろいろ入ってしまうのです。例文では、「毎朝」「7時に」、「とても遅い時間に」「家に」といった**副詞句**が、動詞と前綴りの間に挟まれています。もちろん、**目的語**なども間に入ります。これを「**ワク構造**」といいます。ドイツ語の大きな特徴です。

◎前綴りが最後に来るので、文の最後まで聞かないと意味が取れません。「Ich stehe...」だけでは「私は立っている」、「Erich kommt...」だけでは「エーリヒが来る」になってしまいますね。そう、ドイツ語は息がとても長いのです！

◎文によっては、前綴りが先に来てしまうこともあります。
　　Ich stehe jeden Morgen um sieben Uhr auf wie du.
　　　　　　　　　　　　　　　　　　　　　　　ヴィー　ドゥー
　　　君と同じように、毎朝7時に起きているよ。
この文では、「wie du」という部分が付け足しのようになっているので、前綴りでいったん文を終わらせてから続けています。もちろん、前綴りの前に「wie du」を入れても、文法的には間違いではありません。（あとから入れるほうが、ドイツ人には言いやすいようです。）

Mini-Übungen

次の語句を使って、文を作ってください。

1. ich, abholen, Marie, zu Hause
   → 〔　　　　　　　　　　　　　　　　　　〕
   私はマリーを家まで迎えに行きます。

2. heute Abend, Erich, ausgehen, mit Karin
   → 〔　　　　　　　　　　　　　　　　　　〕
   今晩、エーリヒはカーリンと一緒に出かけます。

Teil **I** Lektion **4** ······ **話法の助動詞**

●**話法の助動詞の法則❶：単数人称で語幹が変わる** ★ ★ ★

不定形		単数人称の語幹	
können コェンネン	→	**kann**（*can*） カン	～できる
dürfen デュるフェン	→	**darf**（*may*） ダるフ	～してもよい
müssen ミュッセン	→	**muss**（*must*） ムス	～しなければならない
mögen モェーゲン	→	**mag**（*like*） マーク	～が好きだ
wollen ヴォレン	→	**will**（*want*） ヴィル	～がしたい
sollen ゾレン	→	**soll**（*should*） ゾル	～するべきだ

●**話法の助動詞の法則❷：ichとerの活用が同じ**

Ich kann **singen, und er** kann **tanzen.**
イッヒ　カン　ズィンゲン　ウント　エァ　カン　タンツェン

Was kannst **du?** ＊注
ヴァス　カンスト　ドゥー

僕は歌えるし、彼は踊れるよ。君は何ができるの？

●**話法の助動詞の法則❸：ワク構造を作る**

Wir können **sehr gut auf Deutsch** singen**.**
ヴィァ　コェンネン　ゼーァ　グート　アウフ　ドイチュ　ズィンゲン

ドイツ語でとても上手に歌えるよ。

＊注 この文では、動詞の不定形を省略しています。法則❹のあとの［例外］を参照してください。

●話法の助動詞の法則❶：単数人称で語幹が変わる ★★★

　話法の助動詞は**6**つあります。英語の助動詞に似ているものもありますので、なじみやすいでしょう。

　覚えなくてはいけないのは、**活用形**です。sollen 以外で、**単数人称の語幹が不定形と違うもの**になります。よく見ると、「a」の音に変わるものが多いですね。「kann」と「muss」は英語の形と似ているので、覚えなくても頭に入ることでしょう。「will」も英語の助動詞にありますね。「soll」は不定形と音が同じです。ということは、「darf」と「mag」を覚えればいいわけです。もう覚えられましたね。

●話法の助動詞の法則❷：ich と er の活用が同じ ★★★

　動詞の現在形は、単数人称ではすべて違った活用語尾がつきましたが、**助動詞の現在形は、一人称単数と三人称単数が同じ語尾**になります。これは楽ですね。du の場合だけ、「-st」がつきます。

　ちなみに、複数人称では、wir と sie（Sie）は不定形と同じで、ihr は語幹に「-t」をつけます。動詞の活用と同じですね。könnenの場合、「wir können, ihr könnt, sie（Sie）können」となります。

●話法の助動詞の法則❸：ワク構造を作る ★

　ワク構造、また出てきましたね。英語と同じように、**話法の助動詞は動詞の不定形と結びつく**のですが、セットで出てくるわけではなく、間にいろいろ入って、遠く離れてしまいます。**動詞の不定形は、文の最後に言う**のです。

●話法の助動詞の法則❹：否定の意味に注意

Du musst nicht zu Hause warten.
ドゥー　ムスト　ニヒト　ツー　ハウゼ　ヴァるテン

家で待っていなくていいよ。

Hier dürfen Sie nicht rauchen.
ヒーァ　デュるフェン　ズィー　ニヒト　らウヘン

ここではタバコを吸ってはいけません。

 ●話法の助動詞の例外●：動詞の不定形を省略できる

Boris kann sehr gut Englisch [sprechen].
ボーりス　カン　ゼーァ　グート　エングリッシュ　[シュプれッヒェン]

ボーリスは英語がとても上手だ。（上手に話せる）

Ich will nach Hause [gehen].
イッヒ　ヴィル　ナーハ　ハウゼ　[ゲーエン]

家に帰りたいよ。

✓ *N o t i z*──●参考

　　話法の助動詞には、**ウラの意味**もあります。［法則❶］で紹介したオモテの意味としっかり区別して覚えてください。ここでいうウラの意味は、おもに推量に使われ、**主観的な度合い**を表します。
müssen「〜に違いない」＞ können「ありうる」、dürfen「〜だろう」＞ mögen「〜かもしれない」＞ wollen「〜と言い張る」、sollen「〜だそうだ」

→ ●話法の助動詞の法則❹：否定の意味に注意

詳しくは次の課で勉強しますが、nicht (ニヒト) を使うと否定形が作れます。**müssen** の否定は「**しなくてもよい**」、**dürfen** の否定は「**してはいけない**」の意味になります。英語との対応で間違えやすいので、注意してください。

　◎頭がごっちゃにならないように、すっきり覚えましょう！
　　「しないといけないの？」(müssen)
　　──「ううん、しなくていいよ」(müssen の否定)
　　「してもいい？」(dürfen)
　　──「ううん、だめ」(dürfen の否定)
　となりますよね。ドイツ語の否定は論理的!? のような気がします。

→ ●話法の助動詞の例外●：動詞の不定形を省略できる

最後の不定形を言わなくても意味が通じるとき、省略できます。助動詞が、動詞のような機能を持つのです。

　◎会話でよく使う「möchte ～がほしい」も、動詞を省略した言いかたです。
　Ich möchte einen Kaffee [trinken]. 　コーヒーがほしいです。
　イッヒ　モェヒテ　アイネン　カフェー
　※ möchte は話法の助動詞のように使えますが、実は mögen から作った、
　　モェヒテ
　　接続法第２式という形になっています。

Mini-Übungen

話法の助動詞を使って書きかえてみましょう。
（不定形の形と位置に注意！）

1. Erich reist nach London.（wollen）

　　→

　エーリヒはロンドンへ旅行に行きたいと思っている。

2. Wir stehen morgen um sechs Uhr auf.（müssen）

　　→

　私たちは明日６時に起きなくてはいけない。

Teil **I** | Lektion **5** …… **否定文の作りかた　その1**

 ●否定文の法則❶：nicht を使う

Ich trinke heute nicht.
イッヒ　　トリンケ　　ホイテ　　ニヒト

今日は飲まないよ。

Boris geht heute nicht aus.
ボーリス　　ゲート　　ホイテ　　ニヒト　　アウス

今日ボーリスは外出しません。

 ●否定文の法則❷：否定したい語の前に nicht を置く

Ich singe nicht gut.
イッヒ　ズィンゲ　　ニヒト　　グート

私は歌がうまくありません。

Boris geht nicht heute aus.
ボーリス　　ゲート　　ニヒト　　ホイテ　　アウス

ボーリスは今日出かけるのではありません。
（＝別の日に出かけます。）

 ●否定文の法則❸：名詞を否定する場合は kein を使う

→ Teil II-7「否定文の作りかた　その2」を参照してください。

→ ●否定文の法則❶：nicht を使う

　ドイツ語の否定文は、とても簡単に作れます。助動詞などは使わず、nicht を加えるだけです。nicht の位置は原則として文末ですが、ワク構造をとる文では最後から 2 番目になります。

> ◎そのほか、補語や目的語、場所を表す副詞などが文末にある場合にも、nicht は
> それらの直前に加えます。
>
> Karin ist nicht groß.　カーリンは背が高くない。
> カーリンイスト ニヒト グロース
> Boris spielt nicht Golf.　ボーリスはゴルフをしない。
> ボーリスシュピールト ニヒト ゴルフ
> Wir fahren nicht nach München.　私たちはミュンヘンへ行きません。
> ヴィァ ファーレン ニヒト ナーハ ミュンヒェン

→ ●否定文の法則❷：否定したい語の前に nicht を置く

　特に否定したい語がある場合は、その直前に nicht を置きます。2つめの例文は、［法則❶］とほぼ同じ文ですが、nicht の位置が heute の直前にあるので、出かけるのは今日ではない、と否定しています（＝部分否定）。nicht をふつうの位置に持ってくると（→法則❶）、「今日出かけることをしない」という否定文になります（＝全文否定）。

> ◎ nicht の位置は変幻自在に見えるので、かえってややこしいかもしれませんね。
> 理論で覚えるよりは、感覚的に慣れてしまったほうが早いでしょう。悩んでし
> まう必要はないですよ！

✓ *N o t i z* ——●参考

　　相関的接続詞を3パターン紹介します。特に③は、否定に見えないので注意してください。

① Boris geht **nicht** (ニヒト) heute aus, **sondern**(ゾンダン) morgen(モーるゲン).

　　ボーリスは今日ではなく、明日出かけます。〔**A ではなく B**〕

② Boris geht **nicht** (ニヒト) **nur** (ヌーァ) heute aus, **sondern** (ゾンダン) (**auch** (アウホ)) morgen.

　　ボーリスは今日だけでなく、明日も出かけます。〔**A も B も**〕

③ Boris geht **weder** (ヴェーダー) heute **noch** (ノッホ) morgen aus.

　　ボーリスは今日も明日も出かけません。〔**A も B もない**〕

Mini-Übungen

nicht を使った否定文にしてください。

1. Karin und Erich essen morgen zusammen.
　カーリンとエーリヒは明日一緒に食事をします。
　→ a.（全文否定に）
　→ b.（morgen を否定して）

2. Ich kann hier Tennis spielen.
　私はここでテニスができます。
　→ a.（全文否定に）
　→ b.（hier を否定して）

Kaffeepause

首の振りかた

　否定文が出てきたところで、否定疑問文の答えかたを勉強しておきましょう。日本語の場合、「眠れないの?」「うん、眠れないんだ」となるところですが、ドイツ語では事情が違ってきます。

　　Kannst du nicht schlafen?　眠れないの?
　　Nein, ich kann nicht schlafen.　うん、眠れないんだ。

というように、否定文で聞かれて、その内容が合っている場合、否定で答えます。そして、首は横に振るのです。(縦に振ると、「実は眠れる」と勘違いされてしまいます!)

　次に、否定文への相づちの打ちかたを見てみましょう。「寒くないね」「うん、そうだね」となるはずのところが、ドイツ語では、

　　Es ist nicht kalt.　寒くないね。
　　Nein, es ist nicht kalt.　うん、そうだね。

と、やはり首を横に振ることになります。(どうしても首を縦に振りたい人は、

　　Ja, du hast Recht.　うん、君の言うとおりだね。

など、肯定文で答えられるように頑張ってみましょう!)

　それでは、否定文で聞かれて、内容が合っていないときはどうしたらよいのでしょうか?　英語では「yes」を使いましたが、ドイツ語では「doch」
　　　　　　　　　　　　　　　　　　　　　　　　　ドッホ
という違った単語になります。(ただし、首はどちらにも振れません。少し残念……?)

　　Kannst du nicht schlafen?　眠れないの?
　　Doch, ich kann schlafen.　いや、眠れるよ。

Übungen 2

〔1〕 指示に従って、新しい文を作ってください。

1. Sie fahren heute ab.   彼らは今日出発します。
(1) heute を文頭に　→＿＿＿＿＿＿＿＿＿＿＿＿＿＿＿＿＿
　　　　　　　　　　今日、彼らは出発します。
(2) 疑問文に　→＿＿＿＿＿＿＿＿＿＿＿＿＿＿＿＿
　　　　　　　彼らは今日出発しますか?
(3) wann で始まる疑問文に　→＿＿＿＿＿＿＿＿＿＿＿＿＿＿＿＿＿
　　　　　　　　　　　　　いつ彼らは出発しますか?
(4) Sie に対する命令文に　→＿＿＿＿＿＿＿＿＿＿＿＿＿＿＿
　　　　　　　　　　　　今日出発してください。

2. Komm nach Hause zurück!   家に帰ってきて。
(1) 主語 du を入れた通常の文に　→＿＿＿＿＿＿＿＿＿＿＿＿＿＿＿＿＿
　　　　　　　　　　　　　　　君は家に帰ってくる。
(2) (1) を疑問文に　→＿＿＿＿＿＿＿＿＿＿＿＿＿＿＿＿
　　　　　　　　　　君は家に帰ってきますか?
(3) wann で始まる疑問文に　→＿＿＿＿＿＿＿＿＿＿＿＿＿＿＿＿＿
　　　　　　　　　　　　　いつ君は家に帰ってきますか?
(4) ihr に対する命令文に　→＿＿＿＿＿＿＿＿＿＿＿＿＿＿＿＿
　　　　　　　　　　　　家に帰ってきなさい。

3. Wir fangen gleich an.   私たちはもうすぐ始めます。
(1) gleich を文頭に　→＿＿＿＿＿＿＿＿＿＿＿＿＿＿＿＿＿
　　　　　　　　　　もうすぐ私たちは始めます。
(2) können を使った文に　→＿＿＿＿＿＿＿＿＿＿＿＿＿＿＿＿＿
　　　　　　　　　　　　私たちはもうすぐ始めることができます。
(3) (2) を疑問文に　→＿＿＿＿＿＿＿＿＿＿＿＿＿＿＿＿＿＿
　　　　　　　　　　私たちはもうすぐ始めることができますか?

(4) Sie に対する命令文に　→＿＿＿＿＿＿＿＿＿＿＿＿＿＿＿

すぐに始めてください。

4. Ich verstehe das nicht.　私はそれを理解しない。

(1) das を文頭に　→＿＿＿＿＿＿＿＿＿＿＿＿＿＿＿

それを私は理解しない。

(2)（1）を können を使った文に　→＿＿＿＿＿＿＿＿＿＿＿

私はそれを理解できない。

(3)（2）の主語を du に　→＿＿＿＿＿＿＿＿＿＿＿＿＿

君はそれを理解できない。

(4)（3）の助動詞を müssen に　→＿＿＿＿＿＿＿＿＿＿＿

君はそれを理解しなくてよい。

---

〔2〕 **否定文で答えてください。**

---

1. Schwimmen Sie?　あなたは水泳をしますか？

→　Nein, ＿＿＿＿＿＿＿＿＿＿＿＿＿＿＿＿＿＿＿＿

2. Singt ihr heute?　君たちは今日、歌いますか？

→　Nein, ＿＿＿＿＿＿＿＿＿＿＿＿＿＿＿＿＿＿＿＿

3. Ist er krank?　彼は病気ですか？

→　Nein, ＿＿＿＿＿＿＿＿＿＿＿＿＿＿＿＿＿＿＿＿

4. Spricht sie Deutsch?　彼女はドイツ語を話しますか？

→　Nein, ＿＿＿＿＿＿＿＿＿＿＿＿＿＿＿＿＿＿＿＿

5. Kommst du zurück?　君は戻ってくる？

→　Nein, ＿＿＿＿＿＿＿＿＿＿＿＿＿＿＿＿＿＿＿＿

6. Können wir heute ausgehen?　今日は外出できますか？

→　Nein, ＿＿＿＿＿＿＿＿＿＿＿＿＿＿＿＿＿＿＿＿

Teil **Ⅰ** Lektion **6** …… 副文

 ●副文の法則❶：動詞が最後に来る

Warum?—Weil ich krank bin.
ヴァるーム　　　ヴァイル　イッヒ　クらンク　　ビン

どうして？——だって病気なんだもん。

 ●副文の法則❷：前後にコンマがある

Ich komme nicht mit,＊注 **weil ich krank bin.**
イッヒ　コンメ　ニヒト　ミット　　　　ヴァイル　イッヒ　クらンク　　ビン

僕は一緒に行かないよ。だって病気なんだもん。

 ●副文の法則❸：必ず何かで始まる

Er weiß noch nicht, dass du krank bist.
エァ　ヴァイス　ノッホ　ニヒト　　ダス　ドゥー　クらンク　　ビスト

彼はまだ知らないんだ。君が病気だっていうこと。

Er weiß noch nicht, wer du bist.
エァ　ヴァイス　ノッホ　ニヒト　ヴェァ　ドゥー　ビスト

彼はまだ知らないんだ。君がだれかっていうこと。

＊注　mitkommen という分離動詞なので、nicht が間に挟まっています。

●副文の法則❶：動詞が最後に来る

　構文の中でもいちばんドイツ語らしいのが、この副文でしょう。英語の常識を破って、動詞が文の最後に来てしまうのです。驚きますね。でも、考えてみると日本語も動詞が最後に来るので、日本人には意外となじみやすいかもしれませんね。

　　◎今まで習ってきた文は、主文といいます。主な文です。それに対して副文は、
　　副次的な文です。英語の従属節にあたります。それだけ、文にかかる比重も軽
　　くなります。

●副文の法則❷：前後にコンマがある

　副文のもう1つの約束は、副文の前後にコンマを置く、ということです。目で見て始まりと終わりがすぐにわかるので、これはありがたいですね。

●副文の法則❸：必ず何かで始まる

　そしてもう1つ。副文の始まりかたには約束があります。「これが先頭にあると副文になる」というパターンを3つ、頭に入れておきましょう。

1. 従属接続詞…「副文を作る」接続詞のことです。dass (ダス) (= that)「～ということ」、weil (ヴァイル)(= because)「なぜなら」、wenn (ヴェン)(= when/if)「～のとき、もし～なら」などが代表的です。
　　◎接続詞の種類については、次の課を参照してください。

2. 間接疑問文…副文の先頭が疑問詞の場合です。［法則❸］の2つめの例文がそうですね。疑問詞以外では、ob (オップ)(= whether/if)「～かどうか」で始まる副文も間接疑問文になります。
　　◎疑問詞については、Teil II-4「疑問詞」を参照してください。

3. 関係代名詞…関係代名詞で始まる文も、副文になります。
　　◎ Teil IV-5「関係代名詞」を参照してください。

✓ *Notiz 1* ──●参考

法則❶～❸で挙げた例文は、どれも副文があとになっていましたが、**副文が先に来ることもあります。その場合、あとに続く主文は、動詞が先になります。その結果、コンマをはさんで動詞が2つ続く**ことになります。慣れないうちは変に思うかもしれませんが、慣れるとクセになりますよ ⁉

Weil ich krank **bin, komme** ich nicht mit.
　病気だから、一緒に行かないよ。
Dass du krank **bist, weiß** er noch nicht.
　君が病気だってこと、彼はまだ知らないんだ。

✓ *Notiz 2* ──●参考

分離動詞は、副文では分離しません。［法則❶：動詞が最後に来る］を守るためには、前綴りが動詞よりあとに来ては困るからです。そのため、**不定形のように1語で書き、語尾だけ変化**させます。

Ich weiß nicht, wann er **zurückkommt**（イッヒ・ヴァイス・ニヒト, ヴァン・エァ・ツーリュック・コムト）.

　彼がいつ戻ってくるのか、私は知りません。

✓ *Notiz 3* ──●参考

話法の助動詞もワク構造を作りましたね。副文にするときは、話法の助動詞が文末に来て、不定形がその直前に来ます。

つまり、**ワク構造を作るペアは、副文では順番が逆になってくっつくのです。間には、何も入れてはいけません。**

Ich weiß nicht, ob er gut **singen kann**（イッヒ・ヴァイス・ニヒト, オップ・エァ・グート・ズィンゲン・カン）.

　彼が上手に歌えるかどうか、私は知りません。

◎ Notiz1 →この規則は面倒くさいように思えますが、なぜそうなるのかを理解してしまうと、すんなり受け入れられるのではないでしょうか。

　「副文の比重は軽い」というお話をしましたが、どのくらい軽いのかというと、名詞や副詞ほどの軽さしかないのです。

　ここで、[動詞の位置の法則❷：動詞と主語が引っくり返る] が生きてきます。「主語以外のものが先に来たとき、動詞がまず来て、結果的に主語があとになる」のでしたね。「主語以外のもの」の中に、「副文」も入ります。それで、動詞が先に来るのです。（英語の従属節と同じように、ドイツ語の副文も名詞節や副詞節を作ります。）

◎ Notiz3 →副文自体も、ワク構造のような形をしていますね。厳密にいえば違いますが、「文末に大事なものが来る」「最後まで聞かないと意味がわからない」という点では、よく似ていると思います。

副文内の語順は、動詞の位置を除いては、主文と同じです。

Ich **stehe** jeden Morgen um sieben Uhr auf.

私は毎朝7時に起きる。

→ Weil ich jeden Morgen um sieben Uhr aufstehe.

私は毎朝7時に起きるので。

Mini-Übungen

副文を作って、2つの文をつなげてみましょう。

1. Ich habe Zeit. Ich komme mit.（wenn）

　→

時間があれば、一緒に行きます。

2. Erich fragt. Kann Karin schwimmen?（ob）

　→

カーリンが泳げるかどうか、エーリヒが聞いています。

Teil I Lektion 7 …… 接続詞と語順

●接続詞の法則❶：並列接続詞は語順に影響しない　★

Ich bin krank, aber du bist gesund.
イッヒ　ビン　クランク　　アーバー　ドゥー　ビスト　　ゲズント

僕は病気だけど、君は健康だね。

✓ *N o t i z* ──●参考　　★★

　数は少ないので、覚えてしまうと早いです。**und**（ウント）（＝*and*）、
aber（アーバー）（＝*but*）、**sondern**（ゾンダン）（＝否定のあとの *but*）、**oder**
（オーダー）（＝*or*）、**denn**（デン）（＝*for*）の5つが代表的です。

●接続詞の法則❷：副詞的接続詞は主語と動詞が引っくり返る　★★

Trotzdem esse ich. Dann gehe ich aus.＊注
トロッツデーム　エッセ　イッヒ　　ダン　　ゲーエ　イッヒ　アウス

それでも食べるよ。それから出かけるよ。

●接続詞の法則❸：従属接続詞は副文を作る　　★★

Ich komme nicht mit, weil ich krank bin.
イッヒ　　コンメ　　ニヒト　ミット　ヴァイル　イッヒ　　クランク　　ビン

僕は一緒に行かないよ。だって病気なんだもん。

＊注　ausgehen は分離動詞です。

●接続詞の法則❶：並列接続詞は語順に影響しない

　ドイツ語の接続詞には3種類あります。（英語も同じです。）まず1つ
めは、並列の接続詞。並列させるための接続詞です。並列させるのです
から、前後の文の語順に影響しません。「そのまま」つなげてください。

> ◎「前に何か来ているのに、どうして主語と動詞が引っくり返らないの？」と不
> 思議に思うかもしれませんね。並列の接続詞は、実は「ゼロの位置」だと考え
> られています。ゼロなので、次に続くのは1。動詞は2番目だから、さらにそ
> の次になります。
>
> | ゼロ | 1 | 2 |
> | --- | --- | --- |
> | ＝並列の接続詞 | ＝動詞以外のもの | ＝動詞 |

●接続詞の法則❷：副詞的接続詞は主語と動詞が引っくり返る

　副詞的接続詞は、接続詞的副詞ともいえます。つまり、もとは副詞な
のですが、接続詞のような役割や意味を持つのです。副詞だとわかれ
ば、次に続く動詞と主語が引っくり返るのは納得できますね。（英語では、
however や *then* などがこのグループに入ります。）

> ◎もとは副詞なので、文中に入れることもできます。
> Ich esse trotzdem. Ich gehe dann aus.
> 　それでも食べるよ。それから出かけるよ。

●接続詞の法則❸：従属接続詞は副文を作る

　もう大丈夫ですね。副文を作る接続詞が従属接続詞です。もう一度紹
介すると、dass（＝*that*）「～ということ」、weil（＝*because*）「なぜなら」、
wenn（＝*when/if*）「～のとき、もし～なら」などが代表的です。

Mini-Übungen

接続詞を使って 2 つの文をつなげてみましょう。

Boris hat Fieber. Er bleibt zu Hause.

→ 1. Boris hat Fieber, *und* 〔　　　　　　　　　　　　　〕.
　　 ボーリスは熱があって、家にいる。(※法則❶)

→ 2. Boris hat Fieber, *deshalb* 〔　　　　　　　　　　　　　〕.
　　 ボーリスは熱がある。だから彼は家にいる。(※法則❷)

→ 3. *Weil* 〔　　　　　　　　　〕,〔　　　　　　　　　　〕.
　　 ボーリスは熱があるので、家にいる。(※法則❸)

Kaffeepause

ドイツ語病！？

　ここまで読んできて、いかがでしたか？ 「どうやらドイツ語の語順は自由らしい」「主語と動詞が引っくり返ったり、前綴りや不定形や動詞が最後に来たりと、英語とだいぶ違うらしい」などということを実感されたことと思います。

　今はまだ、語順も習ったばかりで、なかなかしっくり来ないことでしょう。でも、付き合っていくうちに、必ず慣れてきます。慣れてくると、どんなことが起こると思いますか？

　なんと、ドイツ語の語順で、英語をしゃべってしまうのです！

> *Tomorrow go I to school.*　（主語と動詞が引っくり返る！）
> *Mathematics I have tomorrow.*　（目的語が先に来た！）
> *I can the piano play.*　（ワク構造！）
> *Because the weather bad is.*　（副文！）

　しかも最初の 2 文は、未来なのに未来形を使っていませんね。

　この、ドイツ語に引きずられて英語が変になる現象を、著者は勝手に「ドイツ語病」と呼んでいます。ドイツに長いこと住んでいて、ドイツ語にすっかりなじんでしまい、英語をまったく使わない人に多いです。（著者もそうでした！）著者の周りでは、日本人だけでなく、やはり英語が苦手とされる韓国人にも多かったようです。

　皆さんはきっと、「こんな現象、ありえない」と笑っていらっしゃることでしょう。でも、本気でドイツ語を 3 ヵ月も勉強すれば、きっと起こります。楽しみに（？）していてください！

Übungen 3

〔1〕指示に従って、新しい文を作ってください。

1. Sie fahren heute ab. 彼らは今日出発します。
(1) weil で始まる副文に

→ _____.

彼らは今日出発するので。
(2) dass で始まる副文に
→ Ich weiß, _____.
彼らが今日出発することを私は知っています。
(3) ob で始まる間接疑問文に
→ Ich weiß nicht, _____.
彼らが今日出発するのか、私は知りません。
(4) wann で始まる間接疑問文に
→ Ich weiß nicht, _____.
彼らがいつ出発するのか、私は知りません。

2. Du kannst Auto fahren. 君は車の運転ができる。
(1) wenn で始まる副文に

→ _____.

君が車の運転ができるなら。
(2) dass で始まる副文に
→ Wissen sie, _____?
君が車の運転ができることを、彼らは知っていますか?
(3) ob で始まる間接疑問文に
→ Ich will wissen, _____.
君が車の運転ができるかどうかを私は知りたい。
(4) wer で始まる間接疑問文に*
→ Ich will wissen, _____.
だれが車の運転ができるのか、私は知りたい。
*) wer は三人称単数として扱います。

〔2〕カッコ内に適切な接続詞を選んで入れてください。

✎並列接続詞…aber しかし、denn というのは
✎副詞的接続詞…deshalb それだから、trotzdem それにもかかわらず
✎従属接続詞…obwohl 〜にもかかわらず、weil なぜなら

1. お腹はすいているけれど、これは食べられない。
(1) Ich habe Hunger,〔　　　　　〕das kann ich nicht essen.
(2) Ich habe Hunger,〔　　　　　〕kann ich das nicht essen.
(3)〔　　　　　〕ich Hunger habe, kann ich das nicht essen.

2. 私がそれを食べられないのは、それを好きでないから。
(1) Ich kann das nicht essen,〔　　　　　〕das mag ich nicht.
(2) Ich kann das nicht essen,〔　　　　　〕ich das nicht mag.
(3) Das mag ich nicht,〔　　　　　〕kann ich das nicht essen.

〔3〕ドイツ語で書いてみましょう。

1. 彼は痛みがあるので、走れない。
(痛み Schmerzen、〜がある haben、走る laufen)
　→ ＿＿＿＿＿＿＿＿＿＿＿＿＿＿＿＿＿＿＿＿

2. どうしてよく眠れないのか、私はわからない。
(どうして warum、よくない nicht gut、眠る schlafen、わかる wissen)
　→ ＿＿＿＿＿＿＿＿＿＿＿＿＿＿＿＿＿＿＿＿

3. あなたがどこに住んでいるのか、教えてください。【Sie に対する命令形に】
(どこに wo、住んでいる wohnen、教える sagen [＝言う])
　→ ＿＿＿＿＿＿＿＿＿＿＿＿＿＿＿＿＿＿＿＿

読んでみよう1

　ヘルマンが、仲良しの友だちに招待状を書きました。いったいどんなこと
を書いたのでしょう？

> < Einladung >
>
> Morgen habe ich Geburtstag. Komm
> bitte vorbei! Essen wir Kuchen und
> Obst! Trinken wir zusammen Tee!
> Kannst du bitte etwas singen?
> Ich bin sehr froh, wenn du kommst,
> und ich bin sicher, dass du kommst.
> Oh, ich kann nicht mehr warten!
>
> - wann? — morgen
> - wo? — zu Hause
>
> Hermann

【単語】

Geburtstag　誕生日

vorbeikommen　立ち寄る［分離動詞］

Kuchen　ケーキ

Obst　果物

etwas　何か

froh　うれしい

sicher　確信している

（日本語訳は解答ページ（p.275）へ）

第2部 ── Teil II
名詞その他
【前編】

第1部では、動詞の特徴や文の構造を見てきました。いわば**骨格**を組み立ててきたわけです。少し見通しがついてきたところで、今度は**肉付け**していきましょう。第2部は、**名詞その他**が中心になります。名詞の特徴から始め、これまたドイツ語らしい、**「格変化」**を徹底**的に解析**していきます。

Teil **II** Lektion **1** …… 名詞の性

●名詞の性の法則❶：どんな名詞にも性がある

●男性名詞●

Der *Gang* ist leer.
デァ　　ガンク　イスト　レーァ

廊下は空っぽだ。

●女性名詞●

Die *Pause* ist vorbei.
ディー　パウゼ　イスト　フォァバイ

休み時間が終わったのだ。

●中性名詞●

Das *Seminar* beginnt.
ダス　　ゼミナー　　ベギント

ゼミが始まる。

●名詞の性の法則❷：冠詞が目印になる

男性	女性	中性
der デァ	**die** ディー	**das** ダス

✓ *N o t i z* ──●参考

　語尾で**性**を見分ける方法を1つだけお教えしましょう。「-e」で終わると**ほとんどが女性名詞**になります。例文に出てきた Pause（休み時間）もそうですね。定冠詞 die の語尾も「-e」になっています。

　よく使う単語での**例外**は、**der Name**(ナーメ)（**名前**）、**der Käse**(ケーゼ)（**チーズ**）、**das Auge**（アウゲ）（**目**）、**das Ende**（エンデ）（**終わり**）などがあります。

●名詞の性の法則❶：どんな名詞にも性がある

　ドイツ語の名詞には、性があります。**男性・女性・中性の3つ**です。英語にはなかったので、とまどうところですね。

　これらの性は、**分類のしかたに法則性がない**ので、一つひとつ覚えていくしかありません。多少こじつけでもよいので、意識して頭に入れることを心がけていってください。

　例文では、Gang（廊下）、Pause（休み時間）、Seminar（ゼミ）がそれぞれ名詞です。廊下が男性的とか、休み時間が女性的とか、ゼミが中性的とか、どんなに頭が柔らかくても、こんな発想にはまずいたりませんよね。語尾で見分けられる単語もありますが、初級で習う単語には少ないので、やはり個別にアプローチするしかないようです。

　　◎ドイツ語の名詞は大文字で書き始めます。自分で書くときには少々煩わしいかもしれませんが、読むときには、どれが名詞かすぐにわかって、とても便利ですよ。

●名詞の性の法則❷：冠詞が目印になる

　［法則❶］の例文をもう一度じっと見てください。名詞の前に何かついていますね。3種類ありますが、これがドイツ語の定冠詞です。英語の *the* にあたります。性によって違うので、名詞を覚えるときには、「**der Gang**」「**die Pause**」「**das Seminar**」というように、**定冠詞をつけて覚える**と便利です。

　　◎複合名詞の性は、いちばん最後に来た単語の性になります。
　　　das Seminar ＋ die Arbeit → die Seminararbeit
　　　　ゼミ　　　　　レポート　　　　ゼミのレポート

Kaffeepause

私は「女」よ!?

　日本語では看護婦さんを看護師、保母さんを保育士などと言いかえた、女性であることを意識させない職業名がすっかり定着しました。英語でも *chairman* ではなく *chairperson* と言うのが一般的なようです。ドイツ語はどうなのでしょうか?

　ドイツ語の職業名は、すべてに男性形と女性形があります。
　　der Professor / die　Professorin（教授）
　　　　　　　　　　　　プロフェッソーリン
　　der Student / die　Studentin（学生）
　　　　　　　　　　　シュトゥデンティン
のように、男性形に女性語尾の「-in」をつけるのが鉄則ですが、
　　der Arzt / die　Ärztin（医者）
　　　　　　　　　エルツティン
のように、語幹が変音する（＝ウムラウトがつく）場合もあります。

　職業名だけではありません。国籍をいう言いかたや、人間関係を示す語もそうです。
　　der Japaner / die Japanerin（日本人）
　　　　　　　　　　　ヤパーネリン
　　der Freund / die　Freundin（友人、恋人）
　　　　　　　　　　フロインディン

　ですから、女性は自己紹介をするときに、要注意です。
　　Ich bin Japaner.　私は日本人です。
　　Ich bin Student.　私は学生です。
などと言うと、間違いになります。
　　Ich bin Japanerin.
　　Ich bin Studentin.
と言わなくてはなりません。
　著者は、これにものすごく抵抗を感じました。「Ich bin Japanerin.」と言うたびに、「私は女よ!」と言っているような気がして、しかたがなかったのです。もっと中立的な言いかたがしたいなあ、といつも思っていました。

　ちなみに、女性形の複数は n を重ねて、
　　Wir sind Japanerinnen.　私たちは日本人です。
となります。学生向けの案内書などを読むと、ほとんど常に、
　　Studenten und Studentinnen（学生および女子学生）
　　［省略形は、StudentInnen ←「I」は単語の途中ですが大文字です。］
となっています。ドイツ人女性のパワーたるや、すごいですね!

Teil **II** Lektion 2 …… 名詞の複数形

→ ●複数形の法則❶：「-s」とは限らない ★★

		単数形		複数形	
1)	単数形と同じ	**das Fenster** ダス フェンスター	→	**die Fenster** ディー フェンスター	窓
2)	「-e」がつく	**der Tisch** デァ ティッシュ	→	**die Tische** ディー ティッシェ	机
3)	「-er」がつく	**das Brett** ダス ブレット	→	**die Bretter** ディー ブレッター	板 （掲示板など）
4)	「-(e)n」がつく	**die Tasche** ディー タッシェ	→	**die Taschen** ディー タッシェン	かばん
5)	「-s」がつく	**das Etui** ダス エトゥイー	→	**die Etuis** ディー エトゥイース	（メガネやペンを 入れる）ケース

→ ●複数形の法則❷：ウムラウトがつくものもある ★★

		単数形		複数形	
1)	変音するだけ	**der Nagel** デァ ナーゲル	→	**die Nägel** ディー ネーゲル	くぎ、画びょう
2)	変音して 「-e」がつく	**der Stuhl** デァ シュトゥール	→	**die Stühle** ディー シュテューレ	いす
3)	変音して 「-er」がつく	**das Buch** ダス ブーフ	→	**die Bücher** ディー ビューヒャー	本

●複数形の法則❶：「-s」とは限らない

さて、次に複数形を見ていきましょう。複数形も、ちょっと厄介です。英語のように「-s」をつけて終わり、というわけにいかないからです。

複数形の作りかたには、大きく分けて5パターンあります。さらにまとめてみると、

　　a）単数形と同じもの

　　b）「-e」「-er」「-(e)n」といったドイツ語独自の語尾がつく
　　　　もの

　　c）英語と同じように「-s」がつくもの

というような分類ができます。

　◎英語と同じように「-s」がつくものは、ずばり英語からの外来語が多いです。
　　例に挙げた Etui は、フランス語から来ています。

●複数形の法則❷：ウムラウトがつくものもある

複数形が厄介なのは、パターンが多いからだけではありません。なんと、語幹にウムラウトがついてしまう複数形も多いのです。つまり、耳で聞いて音が変わってしまうのです。

このグループに入るものは、［法則❶］で見た最初の3パターンのみです。最初はとまどうと思いますが、音が変わる快感（？）を味わえるようになると、もう怖いものはありませんね。

　◎辞書では、見出しのあとのスラッシュ（/）の次に、複数形の情報があります。
　　例えば Buch（本）では、「/⸚er」のように書いてあります。

→ ●複数形の法則❸：定冠詞は die ★★★

男性	女性	中性		複数
der デァ	**die** ディー	**das** ダス	→	**die** ディー

✓ *N o t i z* ──●参考 ★★

　英語と同じように、**特殊な複数形**もあります。ラテン語やギリシア語など、英語以外の外来語に多いです。どのパターンにもあてはまらないので、その都度覚えていってください。

例）das Museum（ムゼーウム）→ die Muse**en**（ムゼーエン）
　　　博物館、美術館

　　das Komma（コンマ）→ die Komma**ta**（コンマータ）
　　　コンマ

　　das Lexikon（レクスィコーン）→ die Lexik**a**（レクスィカー）
　　　事典

Die Katze tanzt.

Die Katzen tanzen.

●複数形の法則❸：定冠詞は die ★★★

　［法則❶］［法則❷］では、教室にありそうなものばかりを集めてみました。単数形につく定冠詞は der、die、das。もう大丈夫ですね。それでは、複数形にはどんな定冠詞がついていますか？

　そうです。**複数形の定冠詞は 1 種類なのです！**　男性でも女性でも中性でも、複数になってしまえば die に変身します。つまり、**女性と同じ**になるわけです。これをしっかり頭に入れてください。

　複数形を覚えるときは、「das Buch – die Bücher」のように、やはり定冠詞をつけて唱えるといいでしょう。

　◎動詞の活用形で覚えた人称代名詞、思い出せますか？　たしか、sie が 2 ヵ所ありましたね。「彼女は」（＝三人称単数）と「彼らは」（＝三人称複数）の 2 ヵ所です。定冠詞の die も、この sie に対応しているのです。形もよく似ていますね。

Mini-Übungen

複数形を作ってみましょう。定冠詞もつけてください。
（設問の数字は［法則❶］および［法則❷］に対応します。）

❶- 1) der Rahmen　　→〔　　　　　　　　　〕枠組み

❶- 2) das Referat　　→〔　　　　　　　　　〕研究発表

❶- 3) das Feld　　　→〔　　　　　　　　　〕分野

❶- 4) die Vorlesung　→〔　　　　　　　　　〕講義

❶- 5) der PC　　　　→〔　　　　　　　　　〕パソコン

❷- 1) der Kasten　　→〔　　　　　　　　　〕箱

❷- 2) der Plan　　　→〔　　　　　　　　　〕計画

❷- 3) das Fach　　　→〔　　　　　　　　　〕科目

Teil **Ⅱ** Lektion **3** …… **格変化とは**

→ ■ ●**格変化の法則❶：格変化は「てにをは」のようなもの** ★ ★ ★

1 格	2 格	3 格	4 格
主　語 「〜は、〜が」	所有格 「〜の」	間接目的 「〜に」	直接目的 「〜を」

●格変化の法則❶：格変化は「てにをは」のようなもの ★★★

　「格変化」という言葉は、ドイツ語を勉強して初めて目にする人も多いことでしょう。何やら難しそうな響きもしますが、実はもう英語で習っているのです。

　「*I – my – me*」を覚えていますか？　そう、英語の人称代名詞ですね。それぞれ、*I* = 主語、*my* = 所有格、*me* = 目的語、にあたるものでした。［法則❶］と比べてみてください。よく似ていませんか？

　ドイツ語が少し違うのは、**目的語が2種類**あることだけです。英語では、1語で2種類を兼ねていました。思い出してみましょう。

　　She invited me to the party.

　　　→ *me* は直接目的で、「私を」となる

　　She gave me a card.

　　　→ *me* は間接目的で、「私に」となる

　格変化は、日本語の「てにをは」のようなものです。順番どおりに言えば、「は・の・に・を」でしょうか。日本語でも、「てにをは」がしっかりしていないと、文の意味がきちんと伝わりませんが、ドイツ語でも同じことです。文の流れの中で、何格になるかが決まっているのです。

●格変化の法則❷：格変化で文中の役割を示す

Ich lade Erich ein.
イッヒ　ラーデ　エーりヒ　アイン

= Erich lade ich ein.
エーりヒ　ラーデ　イッヒ　アイン

私はエーリヒを招待します。

✓ *N o t i z* ──●参考

　英語のように、**動詞の前に来る語が主語とは限らない**、ということが改めて実感できたことと思います。少々面倒くさいように思えるかもしれませんが、ここで説明した考えかたは、非常に重要ですので、何度も読んで、納得できるようにしてください。

　英語は、**位置によって文中の役割が決まり、ドイツ語は格で決まる**のです。

→ ●**格変化の法則❷：格変化で文中の役割を示す**　★

　例文に挙げた2つの文は、まったく同じ意味の文です。なぜなのか、詳しく見てみましょう。

　1つめの文は、主語 ich で始まっています。動詞は lade … ein、つまり einladen（アイン・ラーデン）という分離動詞ですね。この動詞は、**目的語に4格をとる**ことが決まっています。招待する相手が4格になる、というわけですね。そのため、Erich は4格になります。

　2つめの文はどうでしょうか。Erich で始まっているので、一見すると、これが主語のようです。でも、動詞の活用形を見ると、lade … ein となっていて、三人称単数の -t で終わる活用形ではありませんね。ですから、主語ではありません。つまり、1格ではないことになります。**主語になるのは、動詞の活用形に見合ったもの**。ここでは ich がそれにあたります。

　では、Erich は何格なのでしょう？　答えの鍵は、einladen という動詞にあります。上で見たように、招待する相手は4格になるのでしたね。つまり、この文は4格で始まっていることになります。

Mini-Übungen

　主語はどれですか？
　※動詞の活用形に注意しましょう。
　※訳は解答欄にあります。

1. Karin hat Hunger.

2. Karin laden sie ein.

3. Hunger habe ich.

4. Boris lädt Marie ein.

Teil **II** Lektion 4 …… 疑問詞

 ●疑問詞の法則❶：疑問詞にも格がある　　　★ ★

●1格●

Wer geht zuerst?
ヴェア　　ゲート　　ツーエァスト

だれが最初に行く？

●2格●

Wessen Füller ist das?
ヴェッセン　　　フュラー　イスト　ダス

これはだれの万年筆？

●3格●

Wem folgst du?
ヴェーム　フォルクスト　ドゥー

だれについていくの？

●4格●

Wen ladet ihr ein?*注
ヴェーン　ラーデット　イーァ　アイン

だれを呼ぶの？

 ●疑問詞の法則❷：「何？」は1・4格が同じ　　★ ★

●1格●

Was fehlt?
ヴァス　フェールト

何が足りないの？

●4格●

Was machst du?
ヴァス　　マハスト　　ドゥー

何をしているの？

✓ *N o t i z* ──●参考　　　　　★

　代表的な2つの疑問詞を紹介しましたが、どちらも w で始まって
いますね。英語ではよく「5W1H」といわれますが、ドイツ語では
すべて w になります。

wer (ヴェァ) = *who* 　　　　**was** (ヴァス) = *what*

wann (ヴァン) = *when* 　　　**wo** (ヴォー) = *where*

warum (ヴァるーム) = *why* 　**wie** (ヴィー) = *how*

---

*注 einladen は分離動詞です。

●疑問詞の法則❶：疑問詞にも格がある

冠詞の格変化を覚える前に、疑問詞を見ていくことにしましょう。疑問詞にも、立派に格があるのです。英語にも、目的語の *whom* がありましたよね。

例に挙げたように、人についての疑問詞は、格が4つとも全部そろっています。4つとも形が違いますね。

●疑問詞の法則❷：「何?」は1・4格が同じ

これに対し、物についての疑問詞は1種類しかありません。1格と4格が同じ形になります。「何が?」と「何を?」が同じ形ですので、主語がどれなのか、よーく見ないといけないわけですね。

なお、2格と3格はありません。

Teil **II** Lektion 5 ┈┈ 定冠詞

→ ●定冠詞の法則❶：1 格は der、die、das – die ★★★

●男性●

Jetzt ist der Gang leer.
イェット　イスト　デァ　ガンク　レーァ

今、廊下は空っぽだ。

●女性●

Denn die Pause ist vorbei.
デン　ディー　パウゼ　イスト　フォァバイ

というのは、休み時間が終わったからだ。

●中性●

Gleich beginnt das Seminar.
グライヒ　ベギント　ダス　ゼミナー

もうすぐゼミが始まる。

●複数●

Die Studenten warten.
ディー　シュトゥデンテン　ヴァるテン

学生たちが待っている。

●定冠詞の法則❶：1 格は der、die、das – die

　では、具体的な格変化のしかたを見ていくことにしましょう。［格変化の法則❷］のとおり、［格変化で文中の役割を示す］わけですが、実際には名詞はほとんど変化しないので、冠詞で見分けることになります。

　そこで、冠詞を覚えていくことになるのですが、［法則❶］を見てください。どこかで見かけたことがありますね。そうです。［名詞の性の法則❷］と［複数形の法則❸］で覚えたものと同じです。実はこれらの定冠詞は、すべて 1 格だったのです。

　例文は、既出のものと少し変えてみました。どうでしょうか？　文中にあっても、1 格＝主語だとすぐにわかるでしょうか？

◎ 1 格は主語とは限りません。補語のこともあります。英語で言う SVC の文型で C にあたる部分、つまり述語の部分ですね。主語＝述語（補語）という関係が成り立つので、当然 1 格になるわけです。目的語ではないので、注意してくださいね。
　例：Das*注 ist die Topleistung（ダス・イスト・ディー・トップライストゥンク）.
　　　　それは最高のできばえだ。
　　　Er bleibt der Traummann（エァ・ブライブト・デァ・トらウムマン）.
　　　　彼は理想の男性のままだ。

*注　文頭の das は定冠詞ではなく、指示代名詞です。

●定冠詞の法則❷：4 格は den、die、das – die　★★★

●男性●

Ich kenne den Mann.
イッヒ　　ケンネ　　デン　　マン

私はその男の人を知っています。

●女性●

Er hält die Vorlesung.
エァ　ヘルト　ディー　フォァレーズンク

彼は講義をしています。

●中性●

Er leitet das Seminar auch.
エァ　ライテット　ダス　ゼミナー　アウホ

彼はゼミも指導しています。

●複数●

Er kennt die Studenten gut.
エァ　　ケント　ディー　シュトゥデンテン　グート

彼は学生たちをよく知っています。

→ ●定冠詞の法則❷：4 格は den、die、das – die

　1格の次は、順番どおりに行かずに4格を覚えましょう。4格は、「〜を」となる直接目的語でしたね。

　冠詞をよく見ると、男性名詞だけが den となり、あとは1格と同じになっています。つまり、4格は男性名詞だけ覚えればよいのです。さあ、これでもう半分攻略できましたね。

◎1格と4格が同じ、ということは、覚えるのは簡単ですが、読むときは少々頭を使います。どちらなのか、目で見ただけではわからないからです。［動詞の位置の法則❷：動詞と主語が引っくり返る］で見たように、目的語が文頭に来る場合もありましたね。3つめの例文を書きかえてみましょう。
　　Das Seminar leitet er auch.
この文は、一見すると文頭の das Seminar が主語に見えますが、途中まで読んでいくと er が主語だということがわかります。つまり、ここで初めて、das Seminar が4格だということが判定できるのです。das や die を見たときは、「1格かもしれないし、4格かもしれない」ということを常に頭に入れて、読んでいってくださいね。

II 名詞その他【前編】

→ ●定冠詞の法則❸：3格は dem、der、dem – den ★★★

●男性●

Ich gebe dem Mann die Adresse.
イッヒ　ゲーベ　デム　マン　ディー　アドレッセ
私はその男に住所を教える。

●女性●

Der Mann folgt der Anweisung.
デァ　マン　フォルクト　デァ　アンヴァイズンク
その男は指示に従う。

●中性●

Der Einfall gefällt dem Sekretariat.
デァ　アインファル　ゲフェルト　デム　ゼクレタリアート
その思いつきは、事務局に気に入られる。

●複数●

Die Geschichte ist den Vorbildern ähnlich.
ディー　ゲシヒテ　イスト　デン　フォァビルダーン　エーンリッヒ
このストーリーは、数々の範例に似ている。

86

●定冠詞の法則❸：3 格は dem、der、dem – den　

　さて、次は 3 格です。3 格の特徴は、「m」がつくことにあります。男性と中性に「m」がつきます。他の格には絶対に出てこない語尾なので、これだけでも頭に入れてしまうと、あとが楽ですよ。**女性は男性 1 格と同じ der、複数は男性 4 格と同じ den** になります。

　　◎複数の場合、名詞にも語尾に「-n」がつきます。4 つめの例文で確認してください。

　ところで、3 格は「～に」となる間接目的語でしたね。使いかたは主に 3 種類あります。まず、英語で言う S V O O の文型で、英語と同じように間接目的語として使います。1 つめの例がそうですね。

　それから、3 格を目的語にとる動詞があります。2 つめと 3 つめの例文がこれにあたります。

　最後に、3 格を一緒に使う形容詞があります。4 つめの例です。

●定冠詞の法則❹：2格は des、der、des – der ★★★

●男性●

Das ist das Büro des Professors.
ダス　イスト　ダス　ビュロー　デス　プロフェッソーァス

これが教授のオフィスだよ。

●女性●

Und hier ist die Liste der Sprechstunde.
ウント　ヒーァ　イスト　ディー　リステ　デァ　シュプレッヒ　シュトゥンデ

それからここに面会時間のリストがある。

●中性●

Dort findest du den Handapparat des Seminars.
ドルト　フィンデスト　ドゥー　デン　ハントアパらート　デス　ゼミナース

あそこには、ゼミの参考文献があるよ。

●複数●

Der Nebenraum gehört der Fachschaft der Studenten.
デァ　ネーベンらウム　ゲホェーるト　デァ　ファハシャフト　デァ　シュトゥデンテン

隣の部屋は、学生たちの自治組織のものだ。

●定冠詞の法則❹：2 格は des、der、des − der

それでは、最後に 2 格を見ていきましょう。2 格は「〜の」となる所有格でした。所有格ですので、英語と同じように「s」がつく、と覚えましょう。「s」がついて des となるのは、男性と中性の 2 ヵ所です。女性と複数は der になります。

　例文を見てください。どの場合でも、2 格は他の名詞のうしろについていますね。日本語とは語順が逆になりますが、2 格 = 英語の「of 〜」と思っていれば、混乱はないでしょう。

　◎ 2 格は何格の名詞のあとにもつけられます。最初の 2 つの例文は 1 格、3 つめは 4 格、4 つめは 3 格の名詞のあとについていることがおわかりでしょうか。

　◎男性と中性の場合、名詞にも語尾に「-s」がつきます。des Raumes のように、「-es」となることもあります。（どちらになるのか、あるいはどちらでもよいのか、名詞によって決まっているので、辞書で確かめるようにしてください。辞書の見出しのあとに、「-es (-s)」のように書いてあります。）

　◎ 2 格を目的語にとる動詞や、2 格と一緒に使う形容詞もあります。使いかたや語順は、3 格のときと同じになります。

固有名詞を 2 格にすることもできます。名前のあとに「-s」をつけるだけです。（アポストロフィーは不要です。）

Maries　Vater　マリーの父
マリース　ファーター

Japans　Hauptstadt　日本の首都
ヤーパンス　ハウプト・シュタット

※語尾に「-s」がつけられない名前は「von ＋ 名前」で代用します。

　die Mutter von Boris　ボーリスの母
ディー　ムッター　フォン　ボーリス

●定冠詞のまとめ●

	男性	女性	中性	複数
1格	**der** デァ	**die** ディー	**das** ダス	**die** ディー
2格	**des** デス	**der** デァ	**des** デス	**der** デァ
3格	**dem** デム	**der** デァ	**dem** デム	**den** デン
4格	**den** デン	**die** ディー	**das** ダス	**die** ディー

✓ *N o t i z 1* ──●参考

　　冠詞だけでなく、**名詞も格変化**します。本文中でも紹介しましたが、**男性名詞と中性名詞の2格に「-s」がつく場合**と、**複数名詞の3格に「-n」がつく場合**がそうです。これらは、冠詞のないラテン語のなごりだそうです。（ラテン語は名詞自体が格変化します。）

✓ *N o t i z 2* ──●参考

　　男性名詞なのに、**2格に「-s」がつかないグループ**があります。**男性弱変化名詞**と呼ばれるグループです。2格に「-s」ではなく、「-(e)n」という語尾がつくのですが、これは2格だけでなく、**単数1格以外のすべての格につきます**。そのため、**単数なのに複数形に見えてしまいます**。次の例で実感してください。

● Junge (ユンゲ) ●少年

	単　数	複　数
1格	der Junge	die Jungen
2格	des Jungen	der Jungen
3格	dem Jungen	den Jungen
4格	den Jungen	die Jungen

●定冠詞のまとめ●

いかがでしょうか。冠詞の役割がおわかりいただけたでしょうか。

定冠詞を一覧にしてみると、このようになります。教科書などで、なじみのある表かもしれませんね。縦に覚える人が多いようですが、ぜひ一度、この課で見てきたように、**横に覚えること**をお薦めします。格のグループを、イメージでとらえられるようになりますよ。

> ◎どうしても覚えられない人は、この表を自力で作れるようにしておくとよいでしょう。ポイントは、「同じもの」です。どことどこが同じなのか、すぐに思い出せるといいですね。縦に同じもの（1格と4格、2格と3格の組み合わせ）、横に同じもの（男性と中性、女性と複数の組み合わせ）、斜めに同じもの（男性1格と女性2・3格および複数2格、男性4格と複数3格）があります。いっぺんに思い出せなくても、例えば der を見たときに、何ヵ所かに同じものがあったなあ、と思えるようになれば、しめたものです。頑張りましょう！

今までの課でも、**動詞の前に来る語が主語とは限らないこと**を勉強してきました。なぜこれが可能かというと、格があるからなのです。ドイツ語は格がはっきりしているため、動詞の前に目的語が来ても、主語＝1格ではないことが明確にわかるのです。**格があるから語順が自由に**なるわけですね。（英語にも格はあるのですが、ドイツ語ほどはっきりしないため、語順で格を示す必要があるようです。）

✓ *N o t i z 3* ──●参考

　この課の例文では、便宜上、3格と4格が法則どおり「〜に」「〜を」と訳せる文を使いましたが、**格の使いかたが日本語と異なるもの**もいくつかあります。

　例えば、anrufen（アン・るーフェン）（電話をかける）は**4格**をとります。電話をかける相手が4格になるので、「〜に電話をかける」ではなく、「**〜を**電話で呼び出す」と考えるといいですね。

　また、helfen（ヘルフェン）（助ける）は**3格**をとります。こちらは助ける相手が3格なので、「〜を助ける」ではなく、「**〜に**助けを与える」となりますね。

Mini-Übungen

次の名詞は何格ですか？
※訳は解答欄にあります。

---

1. Boris hält das Auto an. [Auto 中性名詞]
2. Das Auto gehört dem Vater von Boris. [Vater 男性名詞]
3. Die Farbe des Autos ist grün. [Farbe 女性名詞]
4. Der Vater findet die Farbe schön.

Kaffeepause

格のイメージ

　格変化が重要だとわかっても、なかなか覚えられないかもしれませんね。そんな人のために、著者がとらえている「格のイメージ」をちょっとだけお伝えしようと思います。（人によって違うと思うので、あくまで参考程度にしてくださいね。）

　1格は、まっすぐ立っているイメージ。主語になるのですから、自立しないといけません。そこで著者は、1格を見ると、頭の中で「気をつけ」の姿勢をとります。すると、主語だなあ、と体感できます。

　2格は、ぴったりとくっついているイメージ。所有格ですから、何かにくっついているわけです。くっつく相手は左側に来るので、著者は頭の中で、自分の頭を左に傾けます。

　3格は、寄りかかっているイメージ。自力では立てず、何かに寄りかからないと3格は存在できません。2格が左だったので、3格は反対の右側に体を傾けます。

　4格は、突き進んでいくイメージ。間接的な「〜に」ではなく、直接的な「〜を」なので、力強いイメージがあります。著者は頭の中で、右手をボクシングのように前に出しています。

　いかがでしょうか。著者はこんなイメージを持ちながら、定冠詞の表を横に覚えて、格を体得しました。1格と4格が同じ冠詞になるものでも、1格の場合と4格の場合でイメージを変えて読むようにすると、不思議と違って見えてきますよ。

Übungen 4

〔1〕下線部を複数形にして、文を書きかえてください。

1. <u>Der Lehrer</u> steht dort.　先生がそこに立っています。
   ✎複数形「-」

   →　_____

2. <u>Der Zug</u> fährt nicht mehr.　その列車はもう走っていません。
   ✎複数形「-e」（＋ウムラウト）

   →　_____

3. Gleich kommt <u>das Kind</u>.　もうすぐその子どもが来ます。
   ✎複数形「-er」

   →　_____

4. Ist <u>die Karte</u> noch gültig?　そのカードはまだ有効ですか？
   ✎複数形「-n」

   →　_____

5. Leider geht <u>das Radio</u> nicht an.　残念ながらラジオのスイッチがつきません。
   ✎複数形「-s」

   →　_____

〔2〕次の名詞を 4 格にして、カッコに入れてください。

1. der Hund　→　Ja, ich sehe〔　　　　　　　　〕.
   犬　　　　　　　　はい、その犬が見えます。
2. die Zeitung　→　Sie liest〔　　　　　　　　〕.
   新聞　　　　　　　彼女は新聞を読んでいる。
3. das Bild　→　Gut, ich kaufe〔　　　　　　　〕.
   絵　　　　　　　　よし、その絵を買おう。
4. die Bücher　→　Brauchen Sie〔　　　　　　　〕?
   本［複数形］　　これらの本が必要ですか？

〔3〕次の名詞を3格にして、カッコに入れてください。

1. der Hund　　→　　Das Tuch gefällt〔　　　　　　　　　〕.
　　犬　　　　　　　　そのタオルはその犬のお気に入りだ。

　　　　　　　　　　　　　　　　▷ gefallen　（3格の）気に入る

2. die Lehrerin　→　　Gib〔　　　　　　　　〕die Karte!
　　女性教師　　　　　カードをその先生に渡しなさい。

3. das Kind　→　　Helfen wir〔　　　　　　　　〕!
　　子ども　　　　　その子を助けよう。

4. die Anweisungen　→　　Die Studenten folgen〔　　　　　　　　〕.
　　指示［複数形］　　　　　学生たちはそれらの指示に従う。

〔4〕次の名詞を2格にして、カッコに入れてください。

1. der Arzt *　→　　der Aufsatz〔　　　　　　　〕　　*) 2格は「-es」
　　医者　　　　　　その医者の論文

2. die Rose　→　　der Name〔　　　　　　〕
　　バラ　　　　　バラの名前

3. das Auto **　→　　der Besitzer〔　　　　　　　〕　　**) 2格は「-s」
　　自動車　　　　　その自動車の所有者

4. die Ferien　→　　der Beginn〔　　　　　　〕
　　長期休暇　　　　長期休暇の始まり

〔5〕ドイツ語で書いてみましょう。

1. 私はその男の人に部屋を見せます。
（男の人 der Mann、部屋 das Zimmer、見せる zeigen）*
　　→　_____

2. 子どもたちに何を贈ろうか?
（子どもたち die Kinder、贈る schenken）【主語は wir に】
　　→　_____

＊）独作文の問題ではこれ以降、名詞に定冠詞をつけた形で提示します。冠詞の種類や格などは、
　　問題に沿った形で使用してください。

Teil **II** Lektion **6** ⋯⋯ **不定冠詞**

 ●**不定冠詞の法則❶**：「ひとつの」は ein を使う

Das ist ein Fachlexikon, und das ist
<small>ダス　イスト　アイン　ファッハレクスィコーン　　ウント　　ダス　イスト</small>

eine Literaturliste.
<small>アイネ　　　　リテらトゥーアリステ</small>

これは専門語辞典で、これが文献リストです。

 ●**不定冠詞の法則❷**：格変化の語尾は定冠詞と同じ

	男性	女性	中性
1 格	**ein** <small>アイン</small>	eine <small>アイネ</small>	**ein** <small>アイン</small>
2 格	eines <small>アイネス</small>	einer <small>アイナー</small>	eines <small>アイネス</small>
3 格	einem <small>アイネム</small>	einer <small>アイナー</small>	einem <small>アイネム</small>
4 格	einen <small>アイネン</small>	eine <small>アイネ</small>	**ein** <small>アイン</small>

●不定冠詞の法則❶：「ひとつの」は ein を使う

　不定冠詞は、英語の *a* や *an* にあたるものです。「ひとつの」という意味があるので、数字の 1 = eins とよく似た「ein」を使います。男性と中性では ein のままですが、**女性名詞につく場合は語尾がついて、eine** となります。

　なお、「ひとつの」という意味なので、当然のことながら、**複数形にはつきません。**

●不定冠詞の法則❷：格変化の語尾は定冠詞と同じ

　不定冠詞も、定冠詞と同じように**格変化をします。**どうか、ここでうんざりしないでくださいね。定冠詞を覚えた人には、不定冠詞は楽勝です。語尾をよーく見てください。定冠詞と同じだ、ということに気が付きましたか？　2格は「des、der、des」、3格は「dem、der、dem」の語尾と同じですね。男性4格に「-n」がつき、女性と中性で1格と4格が同じなのも一緒です。語尾が定冠詞と異なるのは、基本形の ein を使う箇所のみです。

　そうなのです。不定冠詞はわざわざ覚える必要はないのです。語尾さえ見れば、何格かわかりますね。

Mini-Übungen

次の名詞は何格ですか？
※訳は解答欄にあります。

1. Ein Wissenschaftler hat ein Fachgebiet.
2. Ein Fachgebiet umfasst eine Reihe von Fachbüchern.
3. Eine Literaturliste eines Fachgebietes ist einem Forscher sehr wichtig.

Teil **II** Lektion 7 …… 否定文の作りかた　その2

●**否定文の法則❸：名詞を否定する場合は kein を使う**

Das ist kein Kugelschreiber.
ダス　　イスト　カイン　　　　　クーゲルシュらイバー

これはボールペンじゃないよ。

（← Das ist ein Kugelschreiber. これはボールペンです。）

●**否定文の法則❹：kein の格変化は ein と同じ**

Der Professor macht keine Anwesenheits-
デァ　　　プろフェッソーァ　　　　マハト　　カイネ　　　　アンヴェーゼンハイツ

kontrolle.
コントろルレ

その教授は出席を取らないよ。

Er will aber keinen Nachzügler haben.＊注
エァ　ヴィル　アーバー　カイネン　　ナーハツュークラー　　ハーベン

でも、遅刻はいけないんだ。

＊注 文字どおりに訳すと、「彼は遅刻者をほしがらない」となります。

→ **●否定文の法則❸：名詞を否定する場合は kein を使う** ★

　Teil I-5「否定文の作りかた　その1」では、nicht を使った否定文を勉強しました。ここでは、名詞を否定する方法を見ていきます。

　名詞を否定するには、**否定冠詞の kein** を使います。冠詞ですので、**名詞のすぐ前**に来ます。例文を見てください。作りかたは簡単ですね。肯定文の ein に「k」をつければいいのです。

→ **●否定文の法則❹：kein の格変化は ein と同じ** ★

　kein も冠詞ですので、**格変化**をします。変化のパターンは、ein とまったく同じです。つまり、eine だろうが、einem だろうが、自動的に「k」をつけてしまえばいいのです。

　kein には**複数形**もあります。**語尾は定冠詞と同じ**です。1格と4格は keine、2格は keiner、3格は keinen となります。

　◎無冠詞の文にも、kein は使えます。格変化をよく考えて、名詞の前につけましょう。
　　Ich habe keine Zeit （イッヒ・ハーベ・カイネ・ツァイト）.
　　　時間がありません。
　　（← Ich habe Zeit. 時間があります。）

Mini-Übungen

kein を使って否定文にしてください。

1. Ich brauche eine Kopie.　コピーがほしいです。
　→

2. Erich hat Hunger.　エーリヒはお腹がすいている。(Hungerは男性名詞)
　→

3. Geben Sie einem Teilnehmer das Buch!　参加者のだれかにこの本を渡してください。
　→

序　　　　　　　I

Teil **II** Lektion **8** ⋯⋯ **所有冠詞**

●**所有冠詞の法則❶：基本形に格変化の語尾がつく**　

単数人称	**mein** マイン (= my)	**dein** ダイン (= your)	**sein** ザイン (= his, its)	**ihr** イーァ (= her)
複数人称	**unser** ウンザー (= our)	**euer** オイアー (= your)	**ihr** イーァ (= their)	
敬　称	**Ihr** イーァ (= your)			

●**所有冠詞の法則❷：格変化は ein/kein と同じ**　

Das ist meine Mutter.
ダス　　イスト　　マイネ　　　ムッター

Sie ist ihrem Bruder ähnlich.
ズィー　イスト　イーレム　　ブルーダー　　　エーンリッヒ

こちらは私の母です。彼女の兄にそっくりです。

✓ *N o t i z* ──●参考　

euer（君たちの）の場合のみ、**多少語幹が変化**します。

Wo ist eure Mutter（ヴォー・イスト・オイレ・ムッター）？

君たちのお母さんはどこ？

のように、「euere」ではなく、**少し短縮して**「**eure**（オイレ）」となります。このほうが発音しやすいからです。

→ ●所有冠詞の法則❶：基本形に格変化の語尾がつく ★★

　ここに挙げた形は、すべて基本形です。英語と比較すると、必ず しも1対1の関係にないことがわかりますね。sein は「彼の」（男 性）、「それの」（中性）と2つの意味がありますし、ihr も「彼女の」 （女性）、「彼らの」（複数）と2ヵ所登場します。しかも、大文字にすると「あ なたの」「あなたがたの」という意味になります。逆に英語の *your* は、 「dein」「euer」「Ihr」と3通りのドイツ語になりますね。

　意味のほか、形にも注意が必要です。実際に使うときには、これらの 基本形に語尾がつくからです。またか……、とうんざりしないでくださ いね。頑張って、乗り切ってしまいましょう。

→ ●所有冠詞の法則❷：格変化は ein/kein と同じ ★

　格変化のしかたは、ein または kein と同じです。「meine Mutter」は 女性1格なので、「eine」と同じ語尾、「ihrem Bruder」は男性3格なので、 「einem」と同じ語尾がついています。

Mini-Übungen

格変化の語尾を入れてみましょう。

1. Hier ist mein[　　] Tasche, aber ich habe mein[　　] Studentenausweis nicht dabei.
   ここに私のカバンがあるけれど、学生証は持ってきていないの。
   （Tasche 女性名詞、Studentenausweis 男性名詞）

2. Der Professor gibt sein[　　] Studenten Anweisungen.
   教授は学生たちに指示を出す。
   （Studenten 複数形）

3. Karin sucht die Telefonnummer ihr[　　] Freundin.
   カーリンは女友達の電話番号をさがしている。
   （Freundin 女性名詞）

Übungen 5

〔1〕次の名詞に不定冠詞をつけて、カッコに入れてください。

1. der Bus　→　Da fährt〔　　　　　　　　　〕.
   バス　　　　　　あそこにバスが走っている。
2. die Tüte　→　〔　　　　　　　　　〕reicht.
   袋　　　　　　　袋は１つで足ります。
3. das Beispiel　→　Das ist nur〔　　　　　　　　　〕.
   例　　　　　　　　それは１つの例に過ぎない。

〔2〕次の名詞を４格にして不定冠詞をつけ、カッコに入れてください。

1. der Film　→　Sehen wir〔　　　　　　　　〕?
   映画　　　　　映画を見ましょうか？
2. die Schwester　→　Oh, Sie haben〔　　　　　　　　〕.
   姉、妹　　　　　　おや、お姉さんがいらっしゃるのですね。
3. das Haus　→　Siehst du dort〔　　　　　　　　〕?
   家　　　　　　あそこに１軒の家が見える？

〔3〕否定文で答えてください。

1. Ist das ein Fisch?　これは魚ですか？
   →　Nein, _____
2. Haben Sie eine Uhr?　時計をお持ちですか？
   →　Nein, _____
3. Hast du Geld dabei?　お金を持ってきている？
   　　　　　　　　　　　　▷ Geld は中性名詞　　▷ dabei その場に
   →　Nein, _____
4. Sind sie Studenten?　彼らは大学生ですか？
   　　　　　　　　　　　　　　　　▷ Studenten は複数形
   →　Nein, _____

〔4〕次の名詞に所有冠詞をつけて、カッコに入れてください。

1. der Bus → Kommt〔   〕?
    バス   <u>私たちの</u>バスは来るかしら?

2. die Uhr → 〔   〕 ist kaputt.
    時計   <u>私の</u>時計は壊れている。

3. das Zimmer → Wo ist〔   〕?
    部屋   <u>君の</u>部屋はどこ?

4. die Eltern → Kommen〔   〕 auch?
    両親   <u>あなたの</u>ご両親もいらっしゃいますか?

〔5〕次の名詞を 4 格にして所有冠詞をつけ、カッコに入れてください。

1. der Freund → Kennst du〔   〕?
    友人、恋人   <u>彼女の</u>恋人を知っている?

2. die Idee → Wie finden Sie〔   〕?
    考え   <u>彼の</u>考えをどう思いますか?

3. das Auto → Darf ich〔   〕 benutzen?
    自動車   <u>君たちの</u>車を使ってもいい?

4. die Kinder → Die Eltern rufen〔   〕.
    子どもたち   両親が<u>自分の</u>子どもたちを呼ぶ。(=<u>彼らの</u>)

〔6〕ドイツ語で書いてみましょう。

1. 私の息子にはもう恋人がいます。
(息子 der Sohn、もう schon、恋人 die Freundin)
    → _____

2. 彼の母親は今日は熱がない。
(母親 die Mutter、今日 heute、熱 das Fieber)【kein を使って】
    → _____

Teil **II** Lektion 9 …… 前置詞の格支配

→ ●前置詞の法則❶：１格以外のものが続く ★

Gehst du mit dem Hund spazieren?
ゲースト　ドゥー　ミット　デム　ホント　シュパツィーレン

犬と散歩に行く？

Nein, ich muss für den Hund einkaufen gehen.
ナイン　イッヒ　ムス　フュア　デン　ホント　アインカウフェン　ゲーエン

いや、犬のために買物に行かなくっちゃ。

→ ●前置詞の法則❷：格支配は前置詞によって決まっている ★ ★

2格支配	**trotz** トロッツ （～にもかかわらず）	**während** ヴェーレント （～の間に）	**wegen** ヴェーゲン （～が原因で）	など
3格支配	**aus** アウス （～の中から）	**bei** バイ （～のもとで）	**mit** ミット （～と一緒に）	
	nach ナーハ （～のあとで）	**von** フォン （～の）	**zu** ツー （～へ）	など
4格支配	**durch** ドゥルヒ （～を通って）	**für** フュア （～のために）	**gegen** ゲーゲン （～に対して）	
	ohne オーネ （～なしに）	**um** ウム （～のまわりに）	など	

●前置詞の法則❶：1格以外のものが続く ★

　さて、ここで名詞から少し離れて、前置詞に着目してみましょう。英語では、何も考えずに名詞を続けていましたね。ドイツ語では、前置詞のあとに1格の名詞は続きません。つまり、何も考えずに名詞をつなげられないのです。例文では、mit のあとが3格、für のあとが4格になっていますね。

　ああ面倒くさい、と思わないでくださいね。英語でも、実は同じ法則があります。「*with I*」、「*for he*」と言わずに「*with me*」、「*for him*」と言いましたよね。前置詞のあとに、主格を続けられないからです。これと同じだと思えば、抵抗なく受け入れられるのではないでしょうか……？

●前置詞の法則❷：格支配は前置詞によって決まっている ★★

　前置詞が何格の名詞と結びつくか、ということを前置詞の「格支配」と言います。これは、前置詞ごとに決まっています。辞書を見ると確認できますので、いつも気にするようにしてくださいね。

　いちばん多いのが、3格支配です。よく使うものばかりです。次に多いのが4格支配で、これも一般的に使うものです。2格支配がいちばん少なく、意味も難しいものが並んでいます。

　　◎「格支配」を、「格の用法」と混同しないようにしてくださいね。前置詞のあとに続く格は、便宜的に形が決まっているだけで、所有・間接目的・直接目的などの意味はありません。主語でない、というだけで、形を借りてきているだけです。
　　　とはいっても、「格のイメージ」を応用すると、覚えやすいものもあります。4格は、突き進んでいくイメージでしたね。4格支配の前置詞に当てはめてみると、durch（〜を通って）、für（〜のために）、gegen（〜に対して）など、なぜこれらの前置詞が4格をとるのか、納得できるのではないでしょうか。

→ ●前置詞の法則❸：「3・4格支配」は意味に違いがある ★ ★ ★

● 3 格●静止した場所

Er springt in dem Fluss.
エァ　シュプリンクト　イン　デム　フルッス

彼は川の中で飛び跳ねている。

● 4 格●動作の方向

Er springt in den Fluss.
エァ　シュプリンクト　イン　デン　フルッス

彼は川に飛び込む。

3・4格 支配	**an** アン （きわ）	**auf** アウフ （上）	**hinter** ヒンター （うしろ）
	in イン （中）	**neben** ネーベン （横）	**über** ウューバー （上方）
	unter ウンター （下）	**vor** フォア （前）	**zwischen** ツヴィッシェン （間）

●前置詞の法則❸：「3・4格支配」は意味に違いがある ★★★

　前置詞でいちばん厄介なのは、「3・4格支配」とよばれるグループです。全部で9つしかなく、すべて場所や位置関係に関する前置詞です。呼び名のとおり、3格も4格もとるのですが、格によって意味が違うのです。**3格は静止した場所を表し、4格は動作の方向を示します。**例文のように、「m」と「n」という1字の違いで、全然違う意味になってしまうので、何格になっているのか、いつも気を付けるようにしてくださいね。

◎ここでまた、4格の「突き進んでいくイメージ」を借りてくると、覚えやすいかもしれません。4格支配は「動作の方向」です。迷わず、動作の方向に向かって、突き進んでいってください！

◎9つの前置詞の中で、最も注意が必要なのは「in」です。英語の「*in*」は、3格の意味しかありません。「in＋4格」は、「*into*」という別の前置詞があります。そのため、「in」を見ると、自動的に英語の「*in*」だと思ってしまう人が非常に多いようです。特に注意してください！

ヘルマンが 鏡の 前 に 進む。
Hermann tritt vor den Spiegel.

√ *N o t i z 1* ──●参考

　前置詞なのに、**後置するとき**もあります。たまにしか使わないので、覚える必要はないでしょう。

　　　meiner Meinung **nach** (マイナー・マイヌンク・ナーハ)　私の考えでは
　　　den Fluss **entlang** (デン・フルッス・エントラング)　川に沿って

√ *N o t i z 2* ──●参考

　定冠詞と融合して、新しい形を作ることがあります。省略して言ったほうが、時間がかからないからです。よく出てきますので、覚えておきましょう。

　　　an + dem = **am** (アム)　　　　　an + das = **ans** (アンス)
　　　in + dem = **im** (イム)　　　　　in + das = **ins** (インス)
　　　von + dem = **vom** (フォム)
　　　zu + dem = **zum** (ツム)　　　　zu + der = **zur** (ツーァ)　　など

√ *N o t i z 3* ──●参考

　人称代名詞や疑問詞と融合すると、**前置詞があとになって1語に**なります。ただし、人ではなく**物を指しているとき**だけです。母音で始まる前置詞の場合は、発音しやすいように「r」を間に入れます。

　　人称代名詞：da ＋前置詞
　　　damit (ダーミット)　それとともに
　　　daraus (ダーらウス)　そこから
　　疑問詞：wo ＋前置詞
　　　womit (ヴォーミット)？　何とともに？
　　　woraus (ヴォーらウス)？　どこから？　　など

des ? – dem ? – den ?

Mini-Übungen

3格か4格の定冠詞を入れて、正しい文を作りましょう。
（前置詞はすべて、「3・4格支配」です。）

1. Der Lehrer schreibt die Formel an 〔　　　〕 Tafel.

   教師は公式を黒板に書く。(Tafel 女性名詞)

2. Die Formel steht an 〔　　　〕 Tafel.

   公式は黒板に書いてある。

3. Ich lege das Wörterbuch auf 〔　　　〕 Tisch.

   私は辞書を机の上に置く。(Tisch 男性名詞)

4. Unter 〔　　　〕 Tisch liegt eine Tasche.

   机の下には、かばんが置いてある。

Teil Ⅱ Lektion 10 ⋯⋯ 人称代名詞

 ●人称代名詞の法則❶：ich-mir-mich, du-dir-dich

Ich finde dich, wenn du mich rufst.
イッヒ　フィンデ　ディッヒ　ヴェン　ドゥー　ミッヒ　るーフスト

君が私を呼んだら、君を見つけるよ。

Ich danke dir, dass du mir verzeihst.
イッヒ　ダンケ　ディァ　ダス　ドゥー　ミァ　フェァツァイスト

私を許してくれて、ありがとう。

 ●人称代名詞の法則❷：uns と euch は 3 格・4 格共通

Wir finden euch, wenn ihr uns ruft.
ヴィァ　フィンデン　オイヒ　ヴェン　イーァ　ウンス　るーフト

君たちが呼んだら、君たちを見つけるよ。

Wir danken euch, dass ihr uns verzeiht.
ヴィァ　ダンケン　オイヒ　ダス　イーァ　ウンス　フェァツァイト

私たちを許してくれて、ありがとう。

●人称代名詞の法則❶：ich-mir-mich, du-dir-dich

　名詞類の最後に、代名詞を見ていきましょう。名詞の代わりになるのが代名詞ですから、格変化をするんだろうなあ、と推測できますね。

　人称代名詞は、動詞の活用を覚えたときに、すでに出てきました。例文の ich とか du とか、見覚えがありますね。これらは実は、**人称代名詞の1格**だったのです。

　2格はほとんど使いません。そのため、あとは3格と4格を覚えればよいのです。少し気が楽になりましたね。

　一人称単数と二人称単数は、1格、3格、4格の順に「ich-mir-mich（イッヒ-ミァ-ミッヒ）」「du-dir-dich（ドゥー-ディァ-ディッヒ）」と、リズムをつけて覚えてしまいましょう。

●人称代名詞の法則❷：uns と euch は3格・4格共通

　一人称複数と二人称複数は、3格と4格が同じ形になります。つまり、「wir-uns-uns（ヴィァ-ウンス-ウンス）」「ihr-euch-euch（イーァ-オイヒ-オイヒ）」となるのです。uns は英語の *us* に似ていて、少しうれしいですね。

ぼくが見えるぞ゛！
Ich sehe mich!

➡ ●人称代名詞の法則❸：三人称の語尾は冠詞の語尾と同じ ★★

	三人称単数			三人称複数
	男性	女性	中性	
1格	**er** エァ	**sie** ズィー	**es** エス	**sie** ズィー
3格	**ihm** イーム	**ihr** イーァ	**ihm** イーム	**ihnen** イーネン
4格	**ihn** イーン	**sie** ズィー	**es** エス	**sie** ズィー

✓ *Notiz 1* ──●参考

　人称代名詞の2格は、meiner, deiner, seiner, ihrer, unser, euer といったように、所有冠詞とよく似ていますが、**所有の意味では使いません**。2格を目的語にとる動詞や形容詞、前置詞などと一緒に使うためのものです。現在ではほとんど使いません。

✓ *Notiz 2* ──●参考

　「人称」代名詞という名前ではありますが、「**物**」も**性に応じて、er などの三人称で受けることができます**。「机」が「彼」だなんて……と初めは抵抗があると思いますが、慣れていってくださいね。

　　Wo ist **der Schlüssel** (ヴォー・イスト・デァ・シュリュッセル)？

　　—**Er** liegt auf dem Tisch (エァ・リークト・アウフ・デム・ティッシュ).

　　　鍵はどこだ？──机の上にあるよ。

　　Wo ist **die Karte** (ヴォー・イスト・ディー・カァテ)？　Wo ist **sie** denn (ヴォー・イスト・ズィー・デン)？

　　　カードはどこだ？　どこにあるのだろう？

→ ●**人称代名詞の法則❸：三人称の語尾は冠詞の語尾と同じ** ★★

　さて、いちばんネックになるのが三人称だと思います。でも、心配は
いりません。語尾をよーく見てください。冠詞の語尾と同じだ、という
ことがわかるでしょうか？　［定冠詞の法則❶〜❸］で覚えたとおり、1
格は「der、die、das–die」、3格は「dem、der、dem–den」、4格は
「den、die、das–die」でしたね。人称代名詞はそれほどややこしくない、
というのがおわかりいただけると思います。もちろん、**男性以外で1格
と4格が同じ形**なのも、定冠詞と同じですね。

　◎二人称の敬称は、三人称複数に準じます。1格と4格が「Sie」、3格が「Ihnen」
　となります。文中でも常に大文字で書き始めることに注意してください。

Mini-Übungen

適切な人称代名詞を入れましょう。

1. Heute besuche ich meinen Professor.

   Wenn ich〔(a)　　　〕sehe, gebe ich〔(b)　　　〕das Manuskript.

   　　　　　　　　　　　　　　　　　　　　［(a) 4格、(b) 3格］

   Hoffentlich nimmt er〔(c)　　　〕an und entwickelt seine Ideen aus
   〔(d)　　　〕.　　　　　　　　　　　　　　　［(c) 4格、(d) 3格］

   今日、教授を訪ねます。彼に会ったら、この原稿を渡します。彼がこれを
   受け取って、この原稿から自分のアイディアを展開してくれるといいなあ。

2. Rufst du〔(a)　　　〕nachher an? Dann holen wir〔(b)　　　〕ab.

   Kannst du〔(c)　　　〕deine Adresse geben?

   　　　　　　　　　　　　　　［(a) 4格、(b) 4格、(c) 3格］

   あとで電話してくれる？　そうしたら、迎えに行くよ。住所を教えてくれる？

Teil **Ⅱ** Lektion **11** …… **再帰代名詞**

 ●再帰代名詞の法則❶：三人称が sich になる　　

（1格）	ich	du	er sie es	wir	ihr	sie	Sie
3格	**mir** ミァ	**dir** ディァ	**sich** ズィッヒ	**uns** ウンス	**euch** オイヒ	**sich** ズィッヒ	**sich** ズィッヒ
4格	**mich** ミッヒ	**dich** ディッヒ	**sich** ズィッヒ	**uns** ウンス	**euch** オイヒ	**sich** ズィッヒ	**sich** ズィッヒ

 ●再帰代名詞の法則❷：主語と同じものを指す　　

Die Gruppe zieht Aufmerksamkeit der
ディー　　　　グるッペ　　　ツィート　　　　アウフメるクザームカイト　　　デァ

Passanten auf sich.
パッサンテン　　　　アウフ　　ズィッヒ

そのグループは、通行人たちの注意を引きつけている。

Erich kauft sich eine Eintrittskarte.
エーリヒ　　　カウフト　　ズィッヒ　　アイネ　　　アイントりッツカるテ

エーリヒは自分のために入場券を 1 枚買う。

✓ ***Notiz*** ──●参考　　

　特定の動詞と結びつくと、**再帰動詞**を作ります。Teil Ⅲ-1「再帰動詞」を参照してください。

114

●再帰代名詞の法則❶：三人称が sich になる ★★

　人称代名詞の次は、関連させて再帰代名詞を覚えてしまいましょう。「再び帰ってくる」代名詞、つまり「自分自身」を指す代名詞で、英語の *myself* などにあたる表現です。

　一人称と二人称では、人称代名詞を代用しますが、三人称が特徴的です。性にかかわらず sich になり、これは3格も4格も共通です。二人称敬称も sich を使います。例外的に、文中でも小文字です。

●再帰代名詞の法則❷：主語と同じものを指す ★

　再帰代名詞は「自分自身」を3格か4格で受けるので、「自分自身に」または「自分自身を」という意味になります。そして、この場合の「自分自身」とは、「主語」のことです。

　例文を見てください。1つめの文では、「die Gruppe」=「sich」になります。「自分自身の上に」注意を引きつける、というわけですね。2つめの文では、「Erich」=「sich」で、この sich は3格です。そのため、「自分自身に」という意味になります。

Mini-Übungen

適切な再帰代名詞を入れましょう。

1. Ich habe keinen Bleistift bei〔　　　　〕.
   鉛筆を持ち合わせていません。
2. Tragen Sie immer einen Koffer mit〔　　　　〕herum?
   いつもスーツケースを持ち歩いているんですか？

Teil **Ⅱ** Lektion 12 …… **es の用法**

 ● es の用法の法則❶：人称代名詞－中性の１格と４格

Wo ist mein Wörterbuch? Ich finde es nicht.
ヴォー　イスト　マイン　　　ヴェるターブーフ　　　イッヒ　フィンデ　エス　ニヒト

—Es liegt unter deiner Tasche.
エス　リークト　ウンター　　ダイナー　　　タッシェ

私の辞書はどこ？　　見つからないの。
——あなたのかばんの下よ。

● es の用法の法則❷：非人称構文の主語または目的語

Es regnet. Es ist neun Uhr. Es graut mir.
エス　れークネット　エス　イスト　ノイン　ウーァ　エス　　グらウト　　ミァ

雨が降っている。9 時だ。ぞっとするよ。

Es geht um meine Zukunft！！
エス　　ゲート　　ウム　マイネ　　ツークンフト

僕の将来がかかっているんだ！

● es の用法の法則❶：人称代名詞－中性の１格と４格 ★

英語の *it* と同様、代名詞の es には様々な顔があります。まず、いちばん基本的で、忘れてはならないのが、人称代名詞としての用法です。(他の用法を覚えると、意外と忘れてしまうんですよ！)

es は中性なので、中性名詞を受けます。１格と４格が同じでしたね。ここでもう一度、確認しておいてください。

● es の用法の法則❷：非人称構文の主語または目的語 ★

次に、非人称の es としての用法があります。主に、1) 自然現象（天候や時間など）および生理現象・心理状態を言うときと、2) 熟語表現の２種類があります。英語とほぼ同じですね。

◎生理現象・心理状態を言う場合のみ、es を省略できます。ただし、es が文頭に来ないときのみです。

　　Es graut mir. ＝ Mir graut. ［→文法上、主語のない文になります。］

● es の用法の法則❸：形式上の主語または目的語

Es singen drei Japaner in dem Konzert.
エス　ズィンゲン　ドらイ　　ヤパーナー　　イン　デム　　　コンツェるト

そのコンサートでは、3 人の日本人が歌います。

Ich finde es schön, dass das Konzert
イッヒ　フィンデ　エス　シェーン　　ダス　　ダス　　コンツェるト

eintrittfrei ist.
アイントリット　フらイ　イスト

そのコンサートが入場無料だなんて、すばらしいと思います。

✓ *Notiz*──●参考

　英語の *There is / There are* にあたる構文も、es を使います。「**es gibt** (エス・ギフト) **＋ 4 格**」となります。この場合の es は、非人称の es です。「**～がある（いる）**」**の部分が 4 格になります**ので、注意してください。

　　Auf der Universität **gibt es** *einen Konzertsaal* (アウフ・デァ・ウニヴェァ ズィテート・ギフト・エス・アイネン・コンツェるトザール).

　　この大学にはコンサートホールがあります。

● es の用法の法則❸：形式上の主語または目的語

　それから、英語の *it* と同様、es は形式主語または目的語にもなれます。例文の１つめでは、本当の主語が drei Japaner です。es はもともと中性単数ですが、この例のように主語が複数の場合、それに合わせて動詞も複数形になります。注意してください。

> ◎この文で drei Japaner を文頭に持ってこないのは、心理的な作戦ではないか、と著者は思っています。いきなり「Drei Japaner singen...」と始めてしまうと、「えっ何？」と思ってしまいますよね。その点、「Es singen...」と始めると、「あっだれかが歌うんだ。しかも複数だ。だれだろう？」と、歌う人がだれかを待ち受ける用意ができるわけです。新しい情報をなるべくあとに出すための工夫でもあります。

　例文の２つめは、英語の *it...that* 構文でおなじみですね。英語と同様、es は主語にも目的語にもなれます。*that* 以下の部分は dass (ダス) を使った副文になります。副文の前にコンマがあるので、英語よりわかりやすいですね。

> ◎英語の *to* 不定詞にあたる「zu (ツー)不定詞」を受けることもできます。Teil V-1「zu 不定詞」を参照してください。

　主な用法を３つ紹介しましたが、es にはこの他にもいろいろな使いかたがあります。深追いしすぎてもいけませんので、出てきたときに、辞書などで確認してみてください。

Übungen 6

〔1〕次の名詞と前置詞を組み合わせ、カッコに入れてください。

1. der Gang　廊下　【auf＋3格】
   → 〔　　　　　　　　　　　　　〕 ist niemand.
   廊下にはだれもいない。

2. die Zeitung　新聞　【in＋3格】
   → Was steht〔　　　　　　　　　　　〕?
   新聞には何と書いてありますか?

3. das Ergebnis　結果　【mit＋3格】
   → Wir sind〔　　　　　　　　　　　〕 zufrieden.
   私たちはその結果に満足している。

4. meine Kinder　私の子どもたち［複数形］【von＋3格】
   → Ich höre nichts〔　　　　　　　　〕.
   私は子どもたちから何の便りも聞かない。

5. unser Lehrer　私たちの先生　【auf＋4格】
   → Wir warten〔　　　　　　　　〕.
   私たちは先生を待っている。

6. eine Reise　旅行　【durch＋4格】
   → 〔　　　　　　　　　　〕 lernen wir viel.
   旅行を通して、私たちはたくさんのことを学ぶ。

7. ein Essen　食事　【für＋4格】
   → Das reicht〔　　　　　　　　　　〕.
   これで1食分に足りる。

8. der Regen　雨　【wegen＋2格】
   → 〔　　　　　　　　　　〕 haben die Züge Verspätungen.
   雨のせいで電車が遅れている。

9. die Ferien　長期休暇　【während＋2格】

→　Was machst du〔　　　　　　　　　　　〕?

長期休暇の間、何をするの?

〔2〕**下線部を人称代名詞にして、文を書きかえてください。**

(※　人称代名詞は<u>なるべく早く言う</u>傾向があるので、名詞の場合と比べて、
語順が変わることがあります。)

1.　Er ruft oft <u>seine Mutter</u> an.　彼はよく母親に電話をする。

→　――――――――――――――――――

2.　Hilfst du heute <u>deinem Vater</u>?　今日、お父さんの手伝いをする?

→　――――――――――――――――――

3.　Ja, ich mag <u>die Geschichte</u> sehr.　はい、その物語はとても好きです。

→　――――――――――――――――――

4.　Sie hat eine Frage an <u>den Lehrer</u>.　彼女は先生に質問がある。

→　――――――――――――――――――

5. Abends bin ich bei <u>meiner Großmutter</u>.　晩には祖母のところで過ごす。

→　――――――――――――――――――

〔3〕**ドイツ語で書いてみましょう。**

1.　家の中からだれかがやって来る。【aus を使って】

(家 das Haus、だれか jemand、やって来る kommen)

→　――――――――――――――――――

2.　自分のめがねがないと、彼は何も見えない。【ohne を使って】

(めがね die Brille、何も〜ない nichts、見える sehen)

→　――――――――――――――――――

Kaffeepause

私は寒い！？

英語では、寒かったり暑かったりするときに、

I am cold. / I am hot. / I am warm.

などと言っても、まったく問題はありませんね。ところが、ドイツ語で同じように言うと、大きな誤解を生んでしまいます。

Ich bin kalt. ＝ 私は冷淡だ。

Ich bin heiß. ＝ 私は興奮している。

Ich bin warm. ＝ 私は同性愛だ。（男性のみ）

特に最初の 2 つは、性的な意味で使うことが多いので、ふつうの会話で使うと、変な人に思われてしまいます。3 つめの文を女性が言うと、二重に「？？？」という顔をされてしまうことでしょう。

では、どのように言えばよいのでしょう？　答えは、直前の課にあります。非人称の es を使うのです。そして、寒い（暑い）と感じている人は 3 格になります。

Es ist mir kalt. 寒い。→ Mir ist kalt.

Es ist mir warm. 暑い。→ Mir ist warm.

しかし、実際は es を省略して、矢印の右側の表現をすることが多いです。話し言葉なので、なるべく短く言おうとするわけですね。

（なお、Mir ist heiß. はほとんど使われません。ものすごく暑いときでも、Mir ist warm. を使うようです。）

著者はドイツから帰ってきたばかりの頃、英語の先生に「*Are you hot?*」と授業中に聞かれて、どきどきした覚えがあります。うわっ、本当にストレートに聞くんだ！と思ってしまいました。著者はドイツ語からの影響で、「*It is hot for me.*」などと遠慮がちに言っていましたから。（英語として正しいかどうかはわかりませんが……。）

なお、最近ではドイツにもアメリカ人が増え、彼らが英語からの影響で「Ich bin kalt.」などと言うので、ドイツ人たちもだいぶ免疫（？）がついてきたようです。とはいっても、正しいドイツ語を話すようにしましょうね。

第3部 ——— Teil III

動詞【中編】

ここでは、再び視点を**動詞**に戻して、**さまざまな時制**を見ていきます。**過去**や**未来**、それに**再帰動詞**や**受動態**も登場します。これでぐっと、表現の幅が広がるはずです。**ドイツ語の時間軸**をしっかり頭に入れて、血の通ったドイツ語を身につけていきましょう。ここまでで、**ひと通りの会話**ができるようになります。

Teil **III** Lektion **1** ······ 再帰動詞

●再帰動詞の法則❶：sich をつけて一人前　★

> ## Ich freue mich auf die Ferien.
> 次の休みが楽しみだ。

> ## Karin kann sich nicht gut konzentrieren.
> カーリンはうまく集中できない。

●再帰動詞の法則❷：他動詞を自動詞にする　★

> ## Der Professor setzt sich auf den Stuhl. *注
> 教授がいすに座ります。

> ## Die Studenten beeilen sich.
> 学生たちが急ぎます。

✓ *N o t i z*──●参考

主語が複数の場合、「お互いに」という意味になる場合もあります。文脈で判断してください。

Ich wasche mich.　私は自分の体を洗います。

Wir waschen uns.　私たちは自分たちの体を洗います。／私たちはお互いに体を洗いあいます。

＊注 前置詞 auf の次は 4 格になっています。「いすの上へ」という方向を示しているからです。

●再帰動詞の法則❶：sich をつけて一人前

　Teil Ⅱ の終わりで、再帰代名詞をマスターしました。主語と同じもの を指す代名詞でした。今度はこれを使って、動詞を作っていきます。

　再帰動詞は、いつも**動詞と再帰代名詞がセット**になります。1 つめの 例文では「freue + mich」のセット、2 つめでは「sich + konzentrieren」 のセットですね。セットとはいっても、2 つめの例文のように、離れて しまうこともあります。**代名詞はなるべく先に言う習慣があるからです。**

　◎辞書で調べるときは、動詞をまず引いて、その中で再帰動詞の項目をさがします。 「再帰」「再」「r.」「refl.」「sich を伴って」などの記号があるはずです。

●再帰動詞の法則❷：他動詞を自動詞にする

　動詞と再帰代名詞をセットにする最大の理由は、**他動詞を自動詞にす るため**です。英語では、同じ動詞を自動詞にも他動詞にも使えたので、 ぴんと来ないかもしれませんね。

　1 つめの例文で、動詞の「setzen」は「座らせる」という意味の 他動詞です。これに再帰代名詞をくっつけて、「自分自身を座らせ る」→「座る」という自動詞を作るわけです。

　2 つめの例文も同じです。動詞の「beeilen」は「急がせる」とい う他動詞。これに再帰代名詞をくっつけると、「自分自身を急がせ る」→「急ぐ」となるのです。

　◎こういう、持って回ったくどい言いかたをするのがドイツ語の特徴です。これ なくして、あの壮大な哲学体系は生まれなかったと思って、あきらめてくださ いね。

　◎ここで使われる再帰代名詞は 4 格です。「自分自身を」となるのですから、納得 できますね。

●再帰動詞の法則❸：sich が 3 格の場合もある ★★

Kannst du dir die Reise nach Deutsch-land vorstellen?

ドイツへの旅行を想像できるかい？

Hoffentlich merkt Boris sich das Datum der Abreise.

旅行に出る日を、ボーリスが覚えているといいけれど。

> ....
>
> 頭の中ではいつも
> きみはぼくの理想だよ。
> Ich stelle mir dich
> immer als mein Ideal vor.

●再帰動詞の法則❸：sich が 3 格の場合もある　

　再帰動詞とセットになる**再帰代名詞は、4 格の場合が多いのですが、3 格になる場合もあります**。三人称では 3 格も 4 格も同じ sich という形を使うので、見た目では判断できません。一人称複数と二人称複数も、3 格と 4 格が共通でしたね。**違う形になるのは一人称単数と二人称単数だけ**、ということになります。

　sich が 3 格かどうか見分けるには、文中に 4 格がないかどうか、さがしてみてください。3 格の再帰代名詞を使う場合、「動詞＋再帰代名詞（3 格）＋ 4 格のもの」がセットになるからです。1 つめの例文では「die Reise」、2 つめでは「das Datum」が 4 格ですね。

　◎再帰代名詞が何格かということは、辞書を見るとわかります。辞書の再帰動詞の項目で、sich の右肩に小さく 3 と書いてあれば、3 格です。4 と書いてあれば 4 格ですが、4 は省略してある辞書が多いです。4 格をとるほうが一般的だからです。

Mini-Übungen

適切な再帰代名詞を入れましょう。

1. Ich beschäftige〔　　　　〕mit den Medien.
   私はメディアを研究しています。

2. Es handelt〔　　　　〕 um den Einfluss der Medien auf die Empfänger.
   テーマは、受け手に与えるメディアの影響です。

3. Viele Leute bilden〔　　　　〕ein, dass sie harmlose Geräte vor〔　　　　〕haben.
   多くの人が、自分たちの前にあるのは無害な機器だ、と思い込んでいます。

Kaffeepause

私の手を洗う

　ドイツ語には、「所有を表す3格」というものがあります。「私の、君の、…」という意味になるのに、3格で表すのです。これは主に、自分の体の一部を言うときに使われます。

　　Ich wasche mir die Hände.
　　　私は手を洗う。
　　Er reibt sich die Augen.
　　　彼は目をこする。

　それぞれ、「自分の」手を洗う、「自分の」目をこする、というわけですね。
　　△ Ich wasche meine Hände.
　　△ Er reibt seine Augen.
と言うと、文法的には間違いではありませんが、非常に幼稚な表現だと思われてしまいます。

　再帰的な表現だけではありません。

　　Ich gebe meiner Großmutter einen Kuss auf die Wange.
　　　私は祖母の頬にキスをする。

など、第三者にも使えます。この文では、3格の「Großmutter の」頬、というわけです。

　著者はこれに慣れてしまって、いざ英語を話すとき、
　　I wash my hands.
と言うのに、かなり勇気がいりました。子どもっぽく思われないかと、どきどきしたものです。英語とドイツ語は兄弟語なのに、ずいぶん発想が違うものですね。

Teil **Ⅲ** Lektion *2* ⋯⋯ **過去形**

●**過去形の法則❶：語幹に「-te」をつける**　★★★

Die Forschungsgruppe erklärte die These.
その研究グループは、命題を説明した。

●**過去形の法則❷：過去基本形に活用語尾がつく**　★★

● lernen ●勉強する

過去形（現在形）	過去形（現在形）
ich lernte（ich lerne）	wir lernten（wir lernen）
du lerntest（du lernst）	ihr lerntet（ihr lernt）
er lernte（er lernt）	sie lernten（sie lernen）

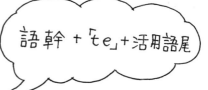

語幹＋「te」＋活用語尾

●過去形の法則❶：語幹に「-te」をつける

それではいよいよ、過去に目を向けていくことにしましょう。英語の過去形は、語尾に「-*ed*」がつきました。ドイツ語の過去形には「-te」がつきます。なんとなく似ていて、うれしいですね。

もう少し詳しく見ていきましょう。不定形から「-en」を取ったものが、語幹でしたね。この語幹に「-te」がつくのです。例文は「erklären」（説明する）という動詞です。語幹「erklär」に「-te」をつけて、「erklärte」となっています。

●過去形の法則❷：過去基本形に活用語尾がつく

さて、語幹に「-te」をつけたものを過去基本形といいます。ドイツ語ですから、これにさらに活用語尾がついていきます。でも、心配はご無用です。現在形で覚えた語尾と、ほとんど変わりません。違うのは1ヵ所、三人称単数のみです。

とはいっても、これもすでに経験済みです。［話法の助動詞の法則❷：ich と er の活用が同じ］を思い出してください。これと同じなのです。つまり、一人称単数と三人称単数では、過去基本形をそのまま使うのです。

例として、lernen（勉強する）という動詞を挙げてみました。「語幹 − te −活用語尾」の3段構えになっているのがおわかりでしょうか？

現在形と比べると、いずれも少し長くなっているのがわかると思います。この、現在形との区別は非常に重要です。「なんか長いなー」「邪魔なものが入っているなー」と体感できるようになってください。

●過去形の法則❸：不規則動詞は語幹が変わる　

不定形		過去基本形	
fahren	→	fuhr	（乗り物に乗る）
gehen	→	ging	（行く）
kommen	→	kam	（来る）
nehmen	→	nahm	（取る）　　　など

✓ *Notiz 1*──●参考　

混合変化をする動詞もあります。

　　bringen　→　brachte　　（持って行く）
　　kennen　→　kannte　　（知っている）

のように、「-te」で終わるため、**規則動詞のような語尾を持つので**すが、よく見ると、**語幹の音が変化**している動詞です。不規則動詞の一種だと思って、一つひとつ覚えていったほうがいいでしょう。

✓ *Notiz 2*──●参考　

　重要動詞の過去形も、不規則な変化をします。ぜひ覚えましょう。

　　sein　→　**war**
　　haben　→　**hatte**
　　werden　→　**wurde**

●**過去形の法則❸：不規則動詞は語幹が変わる**

　ところで、［法則❶］と［法則❷］で見てきたのは、規則動詞の過去形でした。英語と同じように、ドイツ語にも不規則動詞はたくさんあります。過去形になると、音がまったく変わってしまうところも同じです。コツコツと覚えていくしかないわけですが、よく使う動詞が多いので、使っていくうちに覚えていけると思います。頑張りましょう！

◎不規則動詞でも、過去基本形に活用語尾がつきます。［法則❷］とまったく同じで、一人称単数と三人称単数では、過去基本形をそのまま使います。つまり、三人称単数の語尾が現在形と違って、「-t」とならないのです。

● kommen ●来る

過去形（現在形）	過去形（現在形）
ich kam（ich komme）	wir kamen（wir kommen）
du kamst（du kommst）	ihr kamt（ihr kommt）
er kam（er kommt）	sie kamen（sie kommen）

Mini-Übungen

過去形の文に書きかえましょう。

1. Am Sonntag fahre ich nach Köln.
   日曜日にケルンへ行きます。

2. Heute tanzen Erich und Marie zusammen.
   今日はエーリヒとマリーが一緒に踊ります。

Übungen 7

〔1〕 主語を変えて、新しい文を作ってください。

1. Ich freue mich auf die Reise. 私は旅行が楽しみだ。

(1) du → _____

(2) er → _____

(3) wir → _____

2. Er merkt sich das Datum. 彼は日付を記憶する。

(1) ich → _____

(2) wir → _____

(3) Sie → _____

〔2〕 指示に従って、新しい文を作ってください。

1. Sie beeilen sich. 彼らは急ぐ。

(1) 疑問文に

→ _____

(2) Sie に対する命令文に

→ _____

(3) warum（なぜ）で始まる疑問文に

→ _____

(4) dass で始まる間接疑問文に

→ Ich weiß, _____.

2. Sie kann sich nicht konzentrieren. 彼女は集中できない。

(1) warum（なぜ）で始まる副文に

→ _____

(2) 文頭に heute（今日）を加えて

→ _____

(3) weil で始まる副文に

→ _____

(4) 主語を ich に

→ _____

<hr>

〔3〕主語を変えて、新しい文を作ってください。

<hr>

1. Ich war sehr zufrieden.　私はとても満足していた。
(1) du　→　_____
(2) wir　→　_____
(3) Sie　→　_____

2. Wir hatten Hunger.　私たちは空腹だった。
(1) ich　→　_____
(2) er　→　_____
(3) du　→　_____

3. Er nahm den Zug.　彼はその列車に乗った。
(1) wir　→　_____
(2) ich　→　_____
(3) Sie　→　_____

<hr>

〔4〕ドイツ語で書いてみましょう。

<hr>

1. 私はあなたの（出した）広告に興味があります。
（興味がある sich interessieren [für]、広告 die Anzeige）
→ _____

2. 昨日私たちは居酒屋へ行きました。
（昨日 gestern、居酒屋 die Kneipe、〜へ in）
→ _____

3. 私に会ったとき、彼は喜んでいました。
（会う sehen [過去形 sah]、〜したとき als [従属接続詞]、喜ぶ sich freuen）
→ _____

Teil Ⅲ Lektion 3 ⋯⋯ 過去分詞

→ ●過去分詞の法則❶：語幹を「ge＿＿t」で挟む　★ ★ ★

不定形		過去分詞	
machen	→	ge**mach**t	（する、作る）
setzen	→	ge**setz**t	（置く）

→ ●過去分詞の法則❷：不規則動詞は語幹が変わり、　★ ★
　　　「-n」で終わる

不定形		過去分詞	
finden	→	ge**funde**n	（見つける）
helfen	→	ge**holfe**n	（助ける）

●過去分詞の法則❶：語幹を「ge___t」で挟む　★★★

　過去形をマスターしたら、次は過去分詞に進みましょう。これで、「不定形」「過去基本形」「過去分詞」という、動詞の3基本形がそろうことになります。英語と同じですね。

　過去分詞は、とてもドイツ語らしい響きを持っています。作りかたは簡単です。規則動詞の場合、語幹を「ge___t」で挟むだけです。「machen」（する、作る）の語幹は「mach」なので、過去分詞は「ge-mach-t」、「setzen」（置く）の語幹は「setz」なので、「ge-setz-t」になります。「ge-」で始まり、「-t」と言い切る響き、とてもドイツ語らしいと思いませんか？

　　◎分離動詞の場合、「ge」は前綴りと語幹の間に入ります。分離せず、1語に書いてしまいます。分離動詞が分離しない場合が、また出てきましたね。「ge」が挟まれていて、初めは変な感じがしますが、慣れると、とてもドイツ語らしく聞こえてきますよ。
　　　aufmachen　→　aufgemacht　　（開ける）
　　　durchsetzen　→　durchgesetzt　　（押し通す）

●過去分詞の法則❷：不規則動詞は語幹が変わり、「-n」で終わる　★★

　不規則動詞の場合は、過去形と同じで、語幹が変化します。しかも、過去形の語幹と違う場合が多いので、それぞれ覚える必要があります。語幹が変化しているためなのか、最後は少し弱気（？）に「-n」で終わります。つまり、不規則動詞の過去分詞は「ge___n」となるのです。

　　◎分離動詞の場合、作りかたは上と同じです。「ge」を間に入れてしまうのです。
　　　herausfinden　→　herausgefunden　　（見つけ出す）

→ ●過去分詞の例外●：「ge-」がつかない場合

●非分離動詞●

不定形		過去分詞	
übersetzen	→	**übersetzt**	（翻訳する）［規則動詞］
erfinden	→	**erfunden**	（発明する）［不規則動詞］

●「-ieren」で終わる動詞●

不定形		過去分詞	
kopieren	→	**kopiert**	（コピーする）
studieren	→	**studiert**	（大学で勉強する）

✓ *N o t i z 1* ──●参考

　過去分詞にも、**混合変化**があります。過去形の混合変化と同じで、**規則動詞のような形を持つのに、語幹の音が変化**しています。

　　bringen　→　gebracht　　（持って行く）
　　kennen　→　gekannt　　（知っている）

✓ *N o t i z 2* ──●参考

　重要動詞の過去分詞は、この際覚えてしまいましょう。覚えやすいように、3基本形を並べておきますね。

　　sein – war – gewesen
　　haben – hatte – gehabt
　　werden – wurde – geworden
　（haben の過去分詞は、［法則❶］と同じで規則的に作れますね。）

→ **●過去分詞の例外●：「ge-」がつかない場合** ★★

　過去分詞の目印は「ge」だったわけですが、この「ge」がつかない場合もあります。まず、**非分離動詞**。これは分離しない動詞でしたね。ということは、「ge」が入り込むすきまがないわけです。先頭に置こうにも、前綴りが邪魔をしています。その結果、「ge」がつきようがないのです。

　もう1つのグループは、**不定形が「-ieren」で終わる動詞**です。過去分詞の語尾が「-iert」と長音になるため、「ge」をつけるとさらに間延びしてしまいますね。「ge」をつけない理由を、著者はこのように感じています。

haben-hatte-gehabt

✓ *Notiz 3* ──●参考

　過去分詞には、「**完了**」と「**受け身**」という2つの意味があります。そのため、完了形と受動態を作るときに使うわけですが、この2つの意味は、**形容詞として使うときにも生きてきます。**（Teil V-2 のあとの「Kaffeepause」を参照してください。）

　非分離動詞の過去分詞は間に「ge-」が入らないため、動詞によっては次のような現象が起こります。

1) 過去分詞が**現在形と同じ**になる

　Er <u>versucht</u> es.　彼はそれを試みる。

　Er hat es <u>versucht</u>.　彼はそれを試みた。

　※ 非分離動詞が規則動詞の場合、過去分詞は**語幹**に「-t」をつけるだけです。

2) 過去分詞が**不定形と同じ**になる

　Ich will es <u>erhalten</u>.　私はそれを受け取りたい。

　Ich habe es <u>erhalten</u>.　私はそれを受け取った。

　※ 非分離動詞が**不規則動詞**で、過去分詞の語幹が変わらない場合、「ge-」がつかないので、過去分詞の見かけは不定形と変わりません。（halten → gehalten）

Mini-Übungen

過去分詞を作ってください。［すべて規則動詞です。］

1. tanzen　ダンスをする
2. ausüben　執行する　［分離動詞］
3. erdulden　堪え忍ぶ　［非分離動詞］
4. probieren　試す　［語尾に注意！］

Kaffeepause

英語と似ているよ！

　英語とドイツ語は兄弟だとよく言われます。その証拠（？）が、不規則動詞の変化にも表れています。次に挙げる動詞の母音がどう変化するか、見比べてみてください。本当によく似ていますよね。他にもあるかどうか、さがしてみてくださいね。

●ドイツ語●	●英語●
beginnen – begann – begonnen	*begin – began – begun*
finden – fand – gefunden	*find – found – found*
geben – gab – gegeben	*give – gave – given*
kommen – kam – gekommen	*come – came – come*
schwimmen – schwamm – geschwommen	*swim – swam – swum*
sehen – sah – gesehen	*see – saw – seen*
singen – sang – gesungen	*sing – sang – sung*
sitzen – saß – gesessen	*sit – sat – sat*
trinken – trank – getrunken	*drink – drank – drunk*

　どうでしょうか？　ちょっと感動しませんか？　英語の習得にかけた労力も、無駄ではなかったわけですね。ぜひ関連づけて、覚えてみてください。
　なお、stehen（立つ）という動詞は、英語では *stand* ですが、これは過去形に現れています。こんな関係も、意外（？）でいいですね。

●ドイツ語●	●英語●
stehen – stand – gestanden	*stand – stood – stood*

Teil **Ⅲ** Lektion **4**……**現在完了形**

 ●現在完了形の法則❶：「haben＋過去分詞」で過去を表す ★ ★ ★

Ich habe getanzt.

ダンスをしたよ。

Hast **du** geduscht?

シャワーは浴びたの？

 ●現在完了形の法則❷：ワク構造を作る

Ich habe **die ganze Nacht** getanzt.

一晩中踊ったよ。

Hast **du heute Morgen gar nicht** geduscht?

今朝は全然シャワーを浴びていないの？

●現在完了形の法則❶：「haben＋過去分詞」で過去を表す　★★★

　英語の現在完了形は、「*have* ＋過去分詞」で作りましたね。ドイツ語の現在完了形も同じです。「**haben ＋過去分詞**」で作れます。簡単ですね。

　ただし、英語と同じなのはここまでです。この 2 文の訳をじっと見てください。「ダンスをした」「シャワーを浴びた」と、過去形になっていませんか？　そうです。ドイツ語の現在完了形は、**過去を表す**のです。英語の完了形を習うとき、経験とか継続とか、複雑でしたよね。過去を表す副詞と一緒に使ってはいけない、とも言われました。ドイツ語ではOK です！　意味も過去だけ。もう覚えられましたね。（とはいっても、文字どおり「完了」を表すときもあります。）

●現在完了形の法則❷：ワク構造を作る　　　★

　もう 1 つ、英語と違う点があります。もうおなじみの**ワク構造**です。英語では、「*have* ＋過去分詞」はセットで出てきましたが、ドイツ語では遠く離れてしまいます。

　でも、考えてみると、haben 以外は日本語の語順と同じになるので、英語より楽ですね。

●現在完了形の法則❸：sein を使うときもある

Ich bin gestern spät ins Bett gegangen.

昨日は寝るのが遅かったんだ。

Bist du deshalb spät ins Seminar gekommen?

だからゼミに遅刻したの？

→ ●現在完了形の法則❸：sein を使うときもある

　ここから、少し話はややこしくなります。現在完了形の基本は「haben ＋過去分詞」ですが、「sein ＋過去分詞」となるときもあるのです。

　完了形で sein を使う動詞には、次のようなものがあります。いずれも、辞書を引くと (s) のように表示してあります。数は多くないので、覚えてしまいましょう。

1. **場所の移動を表す動詞**……gehen, kommen, fahren など
2. **状態の変化を表す動詞**……werden, sterben など
3. その他……sein, bleiben など

> ◎全体としては、haben を使う動詞のほうが圧倒的に多いので、sein を使うとき
> に注意するとよいでしょう。sein を使うべきところで haben を使うと、ドイツ
> 人はとても変な顔をしますよ。

　なお、haben 自身は完了形で haben を、sein 自身は sein を使います。ややこしいですが、覚えておきましょう。

　　Wir **haben** damals einen Hund **gehabt**.

　　　あのころ、犬を飼っていたんだ。

　　Er **ist** ganz brav **gewesen**.

　　　とても行儀のよい犬だったよ。

✓ *N o t i z* ──●参考

　話法の助動詞を完了形にするには、2通りの方法があります。しっかり区別して覚えてください。

1 ●不定形を伴うとき…「haben ＋不定形＋ können など」

Ich konnte den Zug erreichen.

　→ Ich **habe** den Zug **erreichen können**.

　　　電車に間に合うことができた。

　話法の助動詞をふつうに使うと、このような完了形になります。ワク構造を作るので、**助動詞の過去分詞が最後**に来るわけですが、この過去分詞が、話法の助動詞の場合、**不定形と同じ形**なのです。そのため、**見かけ上、不定形が2つ続いている**ように見えます。

2 ●不定形を省略するとき…「haben ＋ gekonnt など」

Ich konnte sehr gut Englisch.

　→ Ich **habe** sehr gut Englisch **gekonnt**.

　　　とても上手に英語ができた。

　話法の助動詞は、不定形を省略することができました。このとき、助動詞が動詞の役割を果たすことになります。そのため、**助動詞自体が過去分詞**になります。この場合の過去分詞は、規則的に作れるものがほとんどです。「ge＿＿t」でしたね。mögen のみ、語幹が変わって gemocht になります。

Mini-Übungen

　　次の文を現在完了形にしてみましょう。

1. Boris ändert das Thema seiner Arbeit.

　　ボーリスは論文のテーマを変更する。

2. Am Wochenende bleiben wir zu Hause.

　　週末は家にいます。

Kaffeepause

過去の使い分け

　現在完了形は過去を表すことを習いました。しかし、すでに見てきたように、ドイツ語にはちゃんとした過去形もあります。どうして2つもあるのでしょうか?

　使い分けは、はっきりしています。現在完了形は話すとき、過去形は書くときに使う言葉です。(ただし、sein や haben に関しては、話すときにも過去形が使われるようです。)

　●話すとき：Ich habe heute meine Seminararbeit abgegeben.
　　　　　　　今日、ゼミのレポートを出したよ。
　(会話のほか、日記や手紙など、形式張らない文章にも使います。)
　●書くとき：Ich gab heute meine Seminararbeit ab.
　　　　　　　今日、ゼミのレポートを出しました。
　(論文など、きちんとした文章に使います。)

　「現在完了形のほうが長いし面倒くさいのに、どうして話し言葉なんですか?」とよく質問されます。答えは、その反対です。ドイツ人にとっては、現在完了形を作るほうが簡単なのです。だって、

　　Ich habe ge＿＿t.
と言っていれば、「～したよ」と言えるのですから。

　それに比べて、いちいち過去形を作るのは、荘重な感じを受けるようです。[過去形の法則❷]で見たように、過去形は現在形より長くなりましたよね。2番目に来る動詞が重いと、なんだかリズムに乗れないような、そんな気がしてしまうのです。不規則変化の動詞だと、語幹まで変えなくてはいけないので、さらに重苦しいようです。

　過去分詞にも不規則な変化はあるではないか、という反論もあることでしょう。でも、これは文の最後に言うし、ドイツ人にはあまり面倒くさくないようです。

　　◎なお、著者が留学していたマインツでは、kommen → kam、gehen →
　　　ging、sehen → sah など、基本的な動詞で過去形が短いものに関して
　　　は、会話でも過去形を使っていたようです。ただし、これには個人差
　　　もありますし、地域差も大きいようです。

Teil **Ⅲ** Lektion 5 ······ **過去完了形**

→ ●**過去完了形の法則❶：haben/sein が過去形になる** ★

Boris hatte **das Material** gesammelt.
ボーリスは資料を（すでに）集めていた。

Marie war **nach Hause** gegangen.
マリーは家に帰ってしまっていた。

→ ●**過去完了形の法則❷：さかのぼった過去を表す** ★

Am Abend hatte **Boris das Material** gesammelt.
夕方には、ボーリスは資料を集めてしまっていた。

Marie war **nach Hause** gegangen, als **Karin kam.**＊注
カーリンが来たとき、マリーは家に帰ってしまっていた。

＊注 als は従属接続詞で、als 以下は副文になっています。

→ ●**過去完了形の法則❶：haben/sein が過去形になる**

　英語の過去完了形は、「*have* + 過去分詞」の *have* の部分が、*had* と過去形になりましたね。ドイツ語も同じです。**現在完了形の haben または sein の部分が、過去形になる**だけです。

　◎この辺りで、現在形と過去形の区別が重要になってきますね。まだあやふやな人は、haben と sein だけでもいいから、しっかり覚えましょう！

→ ●**過去完了形の法則❷：さかのぼった過去を表す**

　過去完了が意味するところも、英語と同じです。「～したら、すでに～してしまっていた」という表現を、英語でも習いましたよね。これは、「～したら」という過去のある時点が基準となっていて、それよりさらに過去のことを言いたいために、「～してしまっていた」の部分を過去完了で表すのです。1つめの例文では、「夕方」が基準となっていて、その前に資料を集め終わっています。2つめの例文では、「カーリンが来た」ときが基準で、マリーが帰ったのはその前、ということになります。

　◎過去完了形を見たら、「どこから見た過去なんだろう？」と考える癖をつけましょう。時間が立体的に見えてきて、推理小説を読んでいるような気分になりますよ！

Mini-Übungen

　次の文を過去完了形にしてみましょう。

1. Erich hat das Referat gehalten.
   エーリヒは研究発表をした。
2. Die Studenten gingen nach draußen.
   学生たちは外へ出て行った。

·········· Kaffeepause ··········

ドイツ語の時制

　これで、ドイツ語の時制が出そろいました。軸は3本で、下の図のようになります。

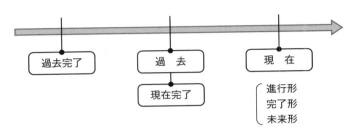

　英語と比べて、だいぶすっきりした印象を受けるのではないでしょうか？以下に、いくつか注意する点を挙げておきます。

1. 英語の現在完了形をどう表すか

　ドイツ語の現在完了形は過去を表すということを、[現在完了形の法則❶]で勉強しました。つまり、時制として過去形と現在完了形は同じ、ということになります。英語の現在完了形は、意味と用法によって、次のようなドイツ語で言いかえられます。

①動作の完了→現在完了形

　　Ich habe gerade die Hausaufgabe beendet.

　　ちょうど宿題を終えたところです。

②状態の継続→現在形

　　Ich lerne seit drei Wochen Deutsch.

　　3週間前からドイツ語を勉強しています。

③経験→現在完了形／過去形

　　Ich bin einmal in Europa gewesen./ Ich war einmal in Europa.

　　一度ヨーロッパに行ったことがあります。

2. ドイツ語の現在形で表せるもの

［現在形の法則❸］（Teil I-1）で見たように、ドイツ語の現在形は進行形と未来形も兼ねていました。このほか、上の②にあるように、完了形も現在形で表せます。このように、ドイツ語の現在形は守備範囲がとても広いのです。

3. ドイツ語の未来形

このあとすぐに、未来形を習いますが、上で見たように、未来のことは現在形で表します。ドイツ語の未来形は、「時制」としてではなく、助動詞的な性格を持っていて、「あやふやな未来」や「話者の意志」などを表すのです。（Teil III-7「未来形」を参照してください。）

こうして見てくると、ドイツ語の時制は日本語によく似ている、と思いませんか？　日本語には現在と過去の 2 つの時制しかない、と言われています。現在形で未来や進行形をカバーしたり、過去形で完了形をカバーしたり、ドイツ語と同じですね。日本語にないものは、過去完了だけです。過去完了の考えかたをマスターしてしまえば、もう怖いものはありませんね。

Übungen 8

〔1〕過去分詞を作ってください。

1.
(1) setzen［規則動詞］　置く　→　＿＿＿＿＿＿
(2) fortsetzen［分離動詞］　続ける　→　＿＿＿＿＿＿
(3) versetzen［非分離動詞］　移す　→　＿＿＿＿＿＿

2.　gehen［不規則動詞］　行く　→　過去分詞は gegangen
(1) ausgehen［分離動詞］　出かける　→　＿＿＿＿＿＿
(2) vergehen［非分離動詞］　過ぎ去る　→　＿＿＿＿＿＿

〔2〕指示に従って、新しい文を作ってください。

1.　Er findet seine Brille.　彼は自分のめがねを見つける。
(finden　→　過去分詞は gefunden)
(1) 現在完了形に
　→　＿＿＿＿＿＿＿＿＿＿＿＿＿＿＿＿＿＿＿＿＿
(2) (1) を疑問文に
　→　＿＿＿＿＿＿＿＿＿＿＿＿＿＿＿＿＿＿＿＿＿
(3) (1) を wo (どこ) で始まる疑問文に
　→　＿＿＿＿＿＿＿＿＿＿＿＿＿＿＿＿＿＿＿＿＿

2.　Was machst du?　何をしているの?
(1) 現在完了形に
　→　＿＿＿＿＿＿＿＿＿＿＿＿＿＿＿＿＿＿＿＿＿
(2) (1) に in den Ferien (休暇中に) を加えて
　→　＿＿＿＿＿＿＿＿＿＿＿＿＿＿＿＿＿＿＿＿＿
(3) (2) の主語を Sie に
　→　＿＿＿＿＿＿＿＿＿＿＿＿＿＿＿＿＿＿＿＿＿

3.　Er setzt sich auf den Stuhl.　彼はいすに座る。
(1) 現在完了形に
　→　＿＿＿＿＿＿＿＿＿＿＿＿＿＿＿＿＿＿＿＿＿

(2)（1）を疑問文に
→ _____

(3)（2）の主語を du に
→ _____

4．Ich gehe aus.　私は出かけます。

(1) 現在完了形に
→ _____

(2)（1）に gestern（昨日）を加えて
→ _____

(3)（2）を Sie に対する疑問文に
→ _____

---

〔3〕 過去完了形にして、文をつなげてください。

1．Der Zug ist schon abgefahren.　列車はすでに出発した。
→ 　Als er am Bahnhof ankam, _____.
　　彼が駅に着いたとき、列車はすでに出発していた。

2．Wir haben genug gegessen.　私たちはたっぷり食べた。
→ 　Nachdem _____, sind wir losgefahren.
　　たっぷり食べてから、私たちは出発した。

---

〔4〕 ドイツ語で書いてみましょう。

1．君はだれと話したの？
（話す sprechen　→　過去分詞は gesprochen）
→ _____

2．週末に彼女はミュンヘンへ行きました。
（週末に am Wochenende、〜へ nach、行く fahren　→　過去分詞は gefahren）
→ _____

Teil **III** Lektion **6** ······ **受動態**

 ●受動態の法則❶：werden と過去分詞の組み合わせ

> **Die Prüfungsaufgabe** wird angekündigt.
>
> 試験問題が告知されます。

 ●受動態の法則❷：ワク構造を作る

> **Die Prüfungsaufgabe** wird **heute um 15 Uhr** angekündigt.
>
> 試験問題は今日の午後3時に告知されます。

 ●受動態の法則❸：「〜によって」は von ＋３格

> **Die Prüfungsaufgabe wird** vom Dekan **angekündigt.**
>
> 試験問題は学部長によって告知されます。
>
> (Der Dekan **kündigt die Prüfungsaufgabe an.**)
>
> (学部長が試験問題を告知します。)

→ ●受動態の法則❶：werden と過去分詞の組み合わせ

　時制がひと通りわかったところで、次は受動態に挑戦してみましょう。
英語の受動態は「*be*＋過去分詞」でしたね。ドイツ語は sein ではなく、
werden を使います。werden はもともと、「～になる」という動詞でし
たね。ここでは、werden を助動詞として使うことになります。

　◎ werden の活用形を復習しておきましょう。不規則な変化でしたね。

単数人称	複数人称
ich werde	wir werden
du wirst	ihr werdet
er wird	sie werden

→ ●受動態の法則❷：ワク構造を作る

　さて、この「werden＋過去分詞」の組み合わせが、毎度おなじみの
ワク構造を作ります。つまり、この2つが遠く離れて、間にいろいろな
情報が入るのです。

→ ●受動態の法則❸：「～によって」は von＋3格 ★★

　受動態に必要なのはもう1つ、「動作主」ですね。英語では「*by* ～」
で表されますが、ドイツ語では「von＋3格」です。能動態の文で1格
だったものを3格にするので、格変化にも気を付けましょうね。

　◎なお、動作主に主体性がないときは「durch＋4格」を使います。この場合、動
　作主に意思はなく、単に仲介しているだけです。
　　Die Prüfungsaufgabe wird durch die Fachschaft angekündigt.
　　　試験問題は、学生の自治組織を通して告知されます。

→ ●受動態の法則❹：過去形は wurde、完了形は worden

Die Prüfungsaufgabe wurde **gestern angekündigt.**

Die Prüfungsaufgabe ist **gestern angekündigt** worden**.**

試験問題は昨日告知されました。

✓ *Notiz 1* ──●参考

　ドイツ語の受動態で重要なのは、**能動態の文で4格のものだけが主語になる**、という点です。英語との比較で見てみましょう。

> *He gave me a present.*
> → (1) *A present was given to me by him.*
> 　(2) *I was given a present by him.*

> Er gab mir ein Geschenk.
> → (1) Ein Geschenk wurde mir von ihm gegeben.
> ✗ (2) Ich wurde ein Geschenk von ihm gegeben.

　英語では、SVOO の文型をとる場合、直接目的語（*a present*）であっても、間接目的語（*me*）であっても、受動態の主語になることができました。ところが、ドイツ語では**3格は主語になれません**。つまり、(2) のような文は間違い、ということになります。**受動態では、3格は3格のまま残す**ため、(2) を正しく書きかえると、

　○ (2) Mir wurde ein Geschenk von ihm gegeben.
となります。語順が変わっただけで、(1) とまったく同じ文ですね。

●受動態の法則❹：過去形は **wurde**、完了形は **worden** ★ ★

　受動態の時制も、一気に習得しておきましょう。少々ややこしくなりますが、原理は簡単です。

　まず過去形では、werden の部分が過去形になるので、wurde を使います。その他の語順は、現在形のときと変わりません。

　現在完了形では、worden という過去分詞を使います。werden の過去分詞は geworden でしたが、これは werden が動詞の場合です。助動詞になると過去分詞が worden と短くなりますので、注意してください。

　また、完了形を作る助動詞は haben ではなく、sein です。（動詞 werden の場合と同じです。）そのため、完了形は次のような公式になります。

> 受動態の完了形
> ＝（文頭）＋ sein の活用形＋（その他の情報）＋過去分詞＋ worden

◎少し解説してみましょう。まず、完了形がワク構造を作るため、sein と worden が離れ、worden が文末に来ます。それとは別に、受動態もワク構造を作っていましたね。そのため、過去分詞が文末にあったわけですが、完了形のワク構造が優先されるので、過去分詞は文末の直前に来ます。その結果、過去分詞と worden が並ぶのです。間には何も入りません。過去分詞が2つ続くことになるので、変な感じがするかもしれませんね。

　なお、過去完了形は、完了形の sein の部分が過去形になるだけです。語順は現在完了形と変わりません。

✓ *Notiz 2* ──●参考

　もう1つ、英語と異なる点があります。ドイツ語では、**目的語のない文からでも受動態を作れる**のです。例文で確認しましょう。

> Heute arbeiten wir bis in die Nacht. 今日は深夜まで働くぞ。
> → Heute **wird** bis in die Nacht **gearbeitet**.

　arbeiten という動詞は自動詞なので、目的語がいりません。このような文を受動態にすると、**主語のない文**ができあがります。能動態で4格のものが受動態の主語になるのですから、もともと4格がなければ、主語が作れませんね。
　主語がない文をどう処理するか、次の2通りのやりかたがあります。
①副詞を文頭に持ってくる（上の例文を参照）
② **es を文頭に持ってきて、主語の穴埋めをする**
　→ **Es wird** heute bis in die Nacht **gearbeitet**.

　es の用法、新しいものが出てきましたね。この場合の es は形式主語で、あくまで文としての体裁を整えるだけのものです。訳す必要はありませんし、①のように何か別のものが文頭にあれば、省略します。

✓ *Notiz 3* ──●参考

　受動態の最後に、**状態受動**を紹介しましょう。今まで見てきたものは**動作受動**とよばれ、**「～される」という動き**を表していましたが、状態受動は**「～されている」という状態**を表します。
　作りかたは簡単です。**werden の部分を sein に変える**だけです。

> Die Prüfungsaufgabe **ist** in der Zeitung **angekündigt**.
> 試験問題が新聞で告知されています。

　考えてみると、werden は「～になる」、sein は「～である」というのが本来の意味でしたから、それぞれ動作受動と状態受動に使われるのは、納得がいきますね。

Mini-Übungen

次の文を受動態にしてみましょう。

1. Die Studenten hielten den Anmeldetermin ein.
   学生たちは申込みの期限を守った。

2. Die Zwischenprüfung prüft die Sprachkenntnisse.
   中間試験は、語学の知識を試験する。

3. Die Fachschaft hilft dem Prüfer.
   学生の自治組織が、試験官の手伝いをする。

Teil **III** Lektion 7 ······ **未来形**

→ ●未来形の法則❶：werden と不定形の組み合わせ

> **Das Projekt** wird fehlschlagen.
> そのプロジェクトは失敗に終わるだろう。

→ ●未来形の法則❷：ワク構造を作る

> **Das Projekt** wird **wegen Personalabbaus**
> fehlschlagen.＊注1
> そのプロジェクトは、人員削減が原因で失敗に終わるだろう。

→ ●未来形の法則❸：未来ではなく、推量や意志を表す

> **Erich** wird **jetzt auf mich** warten.
> エーリヒは今ごろ私を待っているだろう。 （推量）

> **Ich** werde **mich nicht mehr** verspäten.＊注2
> もう遅刻はしないつもりだ。 （意志）

＊注1 前置詞 wegen は2格をとるので、Personalabbau の最後に2格の「-s」が
ついています。
＊注2 sich verspäten という再帰動詞です。

→ ●未来形の法則❶：werden と不定形の組み合わせ　★★★

　受動態では、werden が過去分詞とペアを作りました。未来形でも同じ werden を助動詞として使うのですが、今度は**不定形とペアを作ります**。werden はもともと「〜になる」という動詞でしたから、不定形と組み合わせて未来を表すのは、なんとなく実感できますね。

→ ●未来形の法則❷：ワク構造を作る　★

　ワク構造は、もう大丈夫ですね。未来形でも、助動詞の werden と動詞の不定形がワク構造を作り、遠く離れてしまいます。

→ ●未来形の法則❸：未来ではなく、推量や意志を表す　★★

　ところで、［現在形の法則❸］（Teil Ⅰ-1）にあるように、「すでに予定された未来」は現在形で表すことになっていました。未来形が意味するのは、「確実な未来」ではなく、「不確定な未来」「推量」「意志」といった内容なのです。つまり、時制というよりも、**助動詞的な性格を持っている**と思ったほうがよいでしょう。

　［法則❶］［法則❷］の例文は、「不確定な未来」（＝未来に対する推量）を表していました。［法則❸］の例文の1つめは、未来形なのに jetzt（今）という副詞が入っているので、「現在に対する推量」を表します。例文の2つめは、「未来に対する現在の意志」です。英語の未来形とは発想が違うので、注意しましょう。

✓ *N o t i z 1*——●参考 ★

　英語と同じく、未来完了形もあります。下の例文のように、**ワ
ク構造は未来形が優先**されますので、文末に完了形が「**過去分詞＋
haben／sein**」という語順で並ぶことになります。

　意味は、英語の未来完了形と同じです。**未来のある時点を基準に
して、それより前に完了していることを表します**。つまり、完了す
る時点も、現在から見れば未来なのです。

　　Ich **werde** es bis morgen **beendet haben**.
　　　明日までにそれを終えていることでしょう。

✓ *N o t i z 2*——●参考 ★★

　これで、**werden の 3 つの用法**が出そろいました。

　　1. **動詞「～になる」**
　　2. **受動態の助動詞「～される」**
　　3. **未来形の助動詞「～だろう」**

の 3 つでしたね。

　それでは、これらの用法を組み合わせると、どうなるのでしょう？

◇**1 と 3 の組み合わせ：「～になるだろう」**（動詞の未来形）

　　Das Seminar **wird** interessant **werden**.
　　　このゼミは面白くなるだろう。

◇**2 と 3 の組み合わせ：「～されるだろう」**（受動態の未来形）

　　Die Prüfungsaufgabe **wird** angekündigt **werden**.
　　　試験問題が告知されるだろう。

　いずれにしても、**未来形のワク構造が優先**され、文末に来る不定
形の werden は、動詞あるいは受動態の werden です。

Mini-Übungen

次の文を未来形にして、意味も考えてみましょう。

1. Die Klausur findet am Semesterende statt.
   筆記試験が学期末に行われる。
2. Die Klausur ist bestimmt schwer.
   筆記試験はきっと難しい。
3. Ich lerne von heute an fleißig.
   今日からちゃんと勉強する。

Übungen 9

序　　　　　　　　Ｉ　　　　　　　　Ⅱ

〔1〕 主語を変えて、新しい文を作ってください。

1. Sie werden eingeladen.　彼らは招待される。
(1) ich　→＿＿＿＿＿＿＿＿＿＿＿＿＿＿＿＿＿＿
(2) du　→＿＿＿＿＿＿＿＿＿＿＿＿＿＿＿＿＿＿
(3) er　→＿＿＿＿＿＿＿＿＿＿＿＿＿＿＿＿＿＿

2. Ich werde ihr helfen.　彼女を助けようと思う。
(1) du　→＿＿＿＿＿＿＿＿＿＿＿＿＿＿＿＿＿＿
(2) er　→＿＿＿＿＿＿＿＿＿＿＿＿＿＿＿＿＿＿
(3) wir →＿＿＿＿＿＿＿＿＿＿＿＿＿＿＿＿＿＿

〔2〕 指示に従って、新しい文を作ってください。

1. Sie halten mich auf der Straße an.　彼らは私を路上で呼び止める。
(halten → 過去分詞は gehalten)
(1) 受動態に
　→　＿＿＿＿＿＿＿＿＿＿＿＿＿＿＿＿＿＿＿＿＿
(2) (1) を過去形に
　→　＿＿＿＿＿＿＿＿＿＿＿＿＿＿＿＿＿＿＿＿＿
(3) (1) を現在完了形に
　→　＿＿＿＿＿＿＿＿＿＿＿＿＿＿＿＿＿＿＿＿＿

2. Wir wecken dich auf.　君を起こします。
(1) 受動態に
　→　＿＿＿＿＿＿＿＿＿＿＿＿＿＿＿＿＿＿＿＿＿
(2) (1) に morgen früh (明日の朝) を加えて
　→　＿＿＿＿＿＿＿＿＿＿＿＿＿＿＿＿＿＿＿＿＿
(3) (2) を疑問文に
　→　＿＿＿＿＿＿＿＿＿＿＿＿＿＿＿＿＿＿＿＿＿

3. Mein Vater ruft Sie an.　私の父があなたに電話をします。

（rufen → 過去分詞は gerufen）

(1) 受動態に［動作主を添えて］

→ _____

(2) (1) を現在完了形に

→ _____

(3) (2) を副文に

→ Wissen Sie, dass _____?

〔3〕 次の文が受動態であれば A、未来形であれば B、それ以外であれば C と答えてください。

1. Die Studenten werden ihn abholen.〔　　〕
2. Die Studenten werden von ihm abgeholt.〔　　〕
3. Das Kind ist schwer geworden.〔　　〕
4. Das Kind ist getragen worden.〔　　〕
5. Hier wird Reis gegessen.〔　　〕
6. Er wird Reis essen.〔　　〕

〔4〕 ドイツ語で書いてみましょう。

1. その物語は繰り返し語られる。

（物語 die Geschichte、繰り返し immer wieder、語る erzählen）

→ _____

2. そのゲームはすでに百万回もダウンロードされた。

（ゲーム das Spiel、すでに schon、百万回も millionenfach、ダウンロードする herunterladen［laden → 過去分詞は geladen］）

→ _____

3. 君はいったいいつ自分の部屋を片付けるつもりなの？

（いったい denn、部屋 das Zimmer、片付ける aufräumen）

→ _____

読んでみよう 2

ヘルマンが、夢で見たことを語ります。どんな夢を見たのでしょうか？

Hermann erzählt, was er in seinem Traum gesehen hat:
Ich ging in einen Wald. Ich sah dort Blumen und Bienen. Ich lief zu einem Brunnen, weil ich Durst hatte. Dort saß ein Mädchen. Ich wusste, dass das Michaela war. Ich fragte sie, warum sie weinte. Da klopfte jemand auf die Tür. – Die Tür? ... Und an dem Moment war ich wach.

【単語】

erzählen　語る	Traum　夢
Wald　森	Blumen　花［複数形］
Bienen　蜜蜂［複数形］	lief ＞ laufen（走る）の過去形
Brunnen　泉	Durst　のどの渇き
saß ＞ sitzen（座っている）の過去形	Mädchen　女の子
wusste ＞ wissen（知っている）の過去形	fragen　尋ねる
weinen　泣く	klopfen　ノックをする
jemand　だれか	Tür　ドア
Moment　瞬間	wach　目が覚めた

（日本語訳は解答ページ（p.275）へ）

第4部 ―― Teil **IV**
名詞その他
【後編】

今まで、ドイツ語文の構造や格変化、時制など、**文を組み立てる要素**を見てきました。第4部では、**文を飾る要素**である「**修飾語**」が中心になります。初めに、**形容詞を徹底的に攻略**します。そのあと、文単位で修飾する**関係代名詞**と、これによく似た**指示代名詞**を見ていきます。文が生き生きしてきますよ！

Teil IV Lektion 1 …… 形容詞の用法

●形容詞の用法の法則❶：述語として

Diese Aufgabe ist leicht.
この課題は簡単だ。

●形容詞の用法の法則❷：名詞の修飾語として

Das ist eine leichte Aufgabe.
これは簡単な課題だ。

●形容詞の用法の法則❸：副詞として

Diese Aufgabe ist leicht lösbar.
この課題は簡単に解決できる。

✓ *Notiz* ——●参考

　辞書で形容詞を引くと、**形容詞としての意味しか載っていないか**もしれません。（試しに、手持ちの辞書で「leicht」を引いてみたら、そのとおりでした。）でも、常に「形容詞＝副詞」ですので、「簡単な」→「簡単に」というように、自分で副詞としての訳語に変えてしまって構いません。

●形容詞の用法の法則❶：述語として

　形容詞の用法には、3 種類あります。1 つめは、英語と同じで、文の述語になります。SVC の文型で C にあたる部分ですね。「〜である」の「〜」に入る語です。

●形容詞の用法の法則❷：名詞の修飾語として

　形容詞のもう 1 つの用法は、これも英語と同じで、名詞を修飾します。例文をよく見てください。[法則❶]では「leicht」となっていた形容詞が、今度は「leichte」と語尾がついていますね。これが、ドイツ語の形容詞の大きな特徴です。名詞にかかる形容詞は、必ず活用語尾がつくのです。

　　◎形容詞の語尾変化については、次の課でじっくり説明します。

●形容詞の用法の法則❸：副詞として

　3 つめの用法は、ドイツ語だけの特徴です。なんと、形容詞がそのままの形で副詞になるのです。英語では「-ly」などという語尾をつけないと、形容詞を副詞として使えませんでしたが、ドイツ語では、「形容詞＝副詞」です。

　例文では、「leicht」という形容詞がそのままの形で、副詞として使われています。lösbar という形容詞を修飾しているわけですね。（副詞は形容詞を修飾するほか、動詞も修飾します。）

Mini-Übungen

　形容詞に□を、副詞に○をつけましょう。
　※訳は解答欄にあります。

1. Das ist unmöglich schwer.
2. Ist das nicht eine schwer verständliche Lektion?

Teil **IV** Lektion *2*……形容詞の格変化

●形容詞の格変化の法則❶：単独では冠詞と同じ語尾　　

Viele Studenten haben gute Laune.
（複数1格= die）　　　　　　　　　　（女性4格= die）

多くの学生は機嫌がよい。

Sie haben großen Appetit und haben
（男性4格= den）

gutes Essen vor sich.
（中性4格= das）

食欲がたっぷりあり、おいしい食事が目の前にあるのだ。

✓ *Notiz*──●参考　　

　参考のため、一覧表を挙げておきます。あくまで**参考のため**です。
［法則❶］では、形容詞の語尾が冠詞の語尾と同じになるため、冠
詞をしっかり覚えた皆さんは、もう新たに覚える必要はないからで
す。

表1●形容詞の格変化：無冠詞の場合

	男性	女性	中性	複数
1格	-er	-e	-es	-e
2格	-en	-er	-en	-er
3格	-em	-er	-em	-en
4格	-en	-e	-es	-e

（色部分は、冠詞の語尾と異なる箇所です。）

●形容詞の格変化の法則❶：単独では冠詞と同じ語尾　　★★

　さて、これから迷宮に入っていきます。[形容詞の用法の法則❷]で見たように、名詞を修飾する形容詞には、必ず活用語尾がつくのでしたね。この活用語尾を、「形容詞の格変化」とよびます。

　　◎この項目が、ドイツ語の文法で最も複雑だといってよいでしょう。がむしゃら
　　　に覚えようとすればするほど、わからなくなっていきます。初めはシステムを
　　　見渡すことを心がけていってください。

　形容詞の格変化には、3種類あります。何も冠詞がつかないときと、定冠詞がつくときと、不定冠詞がつくときです。これだけ聞いても、ため息が出てしまうかもしれませんね。

　でも、[法則❶]はわりと単純です。何も冠詞がつかず、形容詞だけが単独で名詞を修飾しているとき、形容詞の語尾は冠詞と同じになるのです。少し救われた気がしませんか？

　　◎冠詞と同じ語尾になる理由は、簡単です。冠詞がつかない分、冠詞の代わりに
　　　格を明確にするためです。

　　◎例外が1つだけあります。男性2格と中性2格は、語尾が「-es」とならずに「-en」
　　　となります。理由は、これも簡単です。[定冠詞の法則❹]で見たように、男性
　　　2格と中性2格は名詞にも「-s」がつきましたね。名詞自体がすでに格変化して
　　　いるため、形容詞にもわざわざ「-es」をつけて、格を強調する必要がないから
　　　です。（これを合理的と感じるあなた、迷宮を抜けられる日は近いですよ！）

●形容詞の格変化の法則❷：定冠詞では「-e」か「-en」

**Der lange Aufsatz, die alte Quelle,
das schwere Buch – diese fürchterlichen
Sachen sind meine Aufgabe.**

長い論文に古い資料、重い本…こんな嫌なものが、
僕の課題さ。

✓ *N o t i z 1*──●参考

　例文では1ヵ所、定冠詞ではなく「dieser」（＝この）という語が
使われています。（複数形のため、「diese」という語尾になっていま
す。）これは「**定冠詞類**」とよばれるもので、**定冠詞と同じ格変化**
をします。定冠詞でも定冠詞類でも、あとに続く形容詞の格変化は
同じになります。

　定冠詞類には、他に jener（あの）、jeder（各々の）、welcher（ど
の）、mancher（かなり多数の）、aller（すべての）、solcher（その
ような）などがあります。

✓ *N o t i z 2*──●参考

ここでも、参考のために一覧表を挙げておきましょう。

表2●形容詞の格変化：定冠詞がつく場合

	男性	女性	中性	複数
1格	*der* -e	*die* -e	*das* -e	*die* -en
2格	*des* -en	*der* -en	*des* -en	*der* -en
3格	*dem* -en	*der* -en	*dem* -en	*den* -en
4格	*den* -en	*die* -e	*das* -e	*die* -en

→ ## ●形容詞の格変化の法則❷：定冠詞では「-e」か「-en」 ★★

　さて、2つめの迷宮に入りましょう。今度は形容詞の前に定冠詞がついています。定冠詞がついているということは、わざわざ形容詞の語尾を見なくても、何格かがわかりますね。そのため、弱気に「-e」「-en」という語尾がつくのです。（実際、弱変化とよばれています。これに対し、［法則❶］で見たものが強変化です。）

　問題は、「-e」と「-en」の使い分けですが、これもわりとすっきりしています。「-e」がつくのは単数の1格と、男性以外の単数4格。これ以外はすべて、「-en」がつきます。

　例文は、すべて1格になっています。単数のときは性を問わず「-e」、複数で「-en」になっているのが実感できるでしょうか。

　次に、［定冠詞の法則❷］を思い出してください。女性と中性の4格は、1格と同じでしたね。形容詞の語尾も、男性以外の単数4格では1格と同じ「-e」になるのです。（複数形は、これもやはり1格と同じで「-en」となります。）

　これ以外の格では、語尾はすべて「-en」となります。単数形では2格と3格と男性4格、複数形ではすべての格において、形容詞の語尾は「-en」です。

●形容詞の格変化の法則❸：不定冠詞でも「-en」が多い

**Das ist <u>ein klein</u>es Lexikon, ist aber
<u>eine nützlich</u>e Quelle und zugleich
<u>mein groß</u>er Schatz.**

これは小さな事典だけれど、役に立つ資料だし、僕の大きな宝だ。

✓ *N o t i z 1* ──●参考

　不定冠詞にも、「**不定冠詞類**」とよばれるグループがあります。こちらは、すべて Teil II で出てきました。**否定冠詞 kein**（Teil II -7）と**所有冠詞**（Teil II -8）がそうです。すべて、**不定冠詞と同じ格変化**をしましたね。不定冠詞類がついた場合も、形容詞は［法則❸］と同じ変化をします。

✓ *N o t i z 2* ──●参考

　ここでもやはり、参考のために一覧表を挙げておきます。なお、不定冠詞には複数形はありませんが、「不定冠詞類」には複数形があります。ここでは、否定冠詞 kein で代表させています。

表3 ●形容詞の格変化：不定冠詞がつく場合

	男性	女性	中性	複数
1格	*ein* -er	*eine* -e	*ein* -es	*keine* -en
2格	*eines* -en	*einer* -en	*eines* -en	*keiner* -en
3格	*einem* -en	*einer* -en	*einem* -en	*keinen* -en
4格	*einen* -en	*eine* -e	*ein* -es	*keine* -en

●形容詞の格変化の法則❸：不定冠詞でも「-en」が多い　★★

　３つめの迷宮は、形容詞の前に不定冠詞がついた場合です。うまく抜け出してみましょう。

　基本的な考えかたは、［法則❷］と同じです。すでに冠詞がついているので、格を新たに明示する必要がありません。そのため、「-en」という弱気な語尾がつきます。

　ところで、［不定冠詞の法則❶］を思い出してください。**男性と中性の１格は、同じ ein という形になりましたね。**ということは、冠詞を見ただけでは、男性か中性か見分けがつかないわけです。これを補ってくれるのが、形容詞の語尾です。**男性では「-er」、中性では「-es」という語尾がついて、区別がつくようになっています。女性は「-e」となり、［法則❷］と変わりません。**

　４格にも例外があります。女性と中性の４格は、それぞれ１格と同じでしたね。そのため、女性は「-e」、中性は「-es」となっています。つまり、「-en」ではない語尾がつくのは、単数１格と、男性以外の単数４格ということになります。

　◎形容詞の語尾を見ると、［法則❶］と［法則❷］をドッキングさせたような表になります。そのため、［法則❸］は混合変化とよばれています。

Mini-Übungen

形容詞の語尾を入れてみましょう。

1. Mit groß〔　　〕Freude* erhielt Erich die gut〔　　〕Nachricht.
エーリヒはとても喜んで、その良いニュースを聞いた。

2. Karin fand ein gemütlich〔　　〕Zimmer** mit einem klein〔　　〕Bad.
カーリンが小さなお風呂つきの、居心地の良い部屋を見つけたのだ。

*) 女性名詞　　**) 中性名詞

Kaffeepause

Guten Tag! も格変化

　形容詞の格変化、いかがでしたか？　なかなか複雑で、覚えようとすると厄介ですね。語尾だけでなく、「der neue」などのように、冠詞と形容詞をセットで覚えると、少しは楽かもしれません。

　ところで、形容詞の格変化は、意外と身近なところにあります。ドイツ語の挨拶を習ったとき、
　　Guten Tag!　こんにちは。
　　Guten Morgen!　おはよう。
　　Guten Abend!　こんばんは。
の３つは、頭に「グーテン」がついたのに、
　　Gute Nacht!　おやすみ。
だけは「グーテ」で始まっていて、変に思いませんでしたか？　実は、これは形容詞の gut（良い）が格変化を起こしているのです。前に冠詞がつかないので、［法則❶］の語尾ですね。Tag（日）、Morgen（朝）、Abend（晩）はどれも男性名詞です。語尾が「-en」になるのは４格ですね。つまり、これらの挨拶は、「良い日を」「良い朝を」「良い晩を」と言っているのです。これに対し、Nacht（夜）は女性名詞なので、語尾が「-e」になるわけです。

　それから、手紙の書きかたを習ったときも、書き出しが、
　　Lieber Erich!　親愛なるエーリヒ
　　Liebe Karin!　親愛なるカーリン
というように、相手が男性か女性かによって、名前の前につける語が変わりましたね。これはもちろん、形容詞の lieb（親愛なる）が格変化を起こしているからです。

　さらに、形容詞の格変化は、本や映画など、作品のタイトルにも現れます。
　　„Allgemeine Zeitung"『一般新聞』
　　„Der grüne Heinrich"『緑のハインリヒ』
これらは１格ですが、文中で違う格になるとき、冠詞や形容詞の語尾が変

化しますので、注意が必要です。

　　　Hast du schon „Den grünen Heinrich" gelesen?
　　　『緑のハインリヒ』をもう読んだ？
　　　In der „Allgemeinen Zeitung" stand eine Kritik.
　　　『一般新聞』に批評が出ていたよ。

（『緑のハインリヒ』は、Gottfried Keller が書いた 19 世紀の小説ですので、
実際にはこのような会話はないでしょうが……。）

Übungen 10

[1] 形容詞に正しい語尾をつけて、同じ意味の文にしてください。

1. Der Lehrer ist <u>jung</u>.　その教師は若い。
　→　Das ist ein〔　　　　　　〕Lehrer.
2. Die Blume ist <u>schön</u>.　その花はすてきだ。
　→　Das ist eine〔　　　　　　〕Blume.
3. Das Auto ist <u>rot</u>.　その自動車は赤い。
　→　Das ist ein〔　　　　　　〕Auto.
4. Die Äpfel sind <u>klein</u>.　それらのりんごは小さい。
　→　Das sind〔　　　　　　〕Äpfel.
5. Sein Hunger ist <u>groß</u>.　彼はとてもお腹がすいている。
　→　Er hat〔　　　　　　〕Hunger.　[男性名詞]
6. Ihre Tasche ist <u>klein</u>.　彼女のかばんは小さい。
　→　Sie hat eine〔　　　　　　〕Tasche.
7. Das Wetter ist <u>schön</u>.　天気がよい。
　→　Wir haben〔　　　　　　〕Wetter.
8. Ihre Augen sind <u>grün</u>.　彼女の目は緑色だ。
　→　Sie hat〔　　　　　　〕Augen.

[2] 前置詞をつけて、つなげてみましょう。

1. nahe Zukunft　近い将来
(1) in　～において　→　_____
(2) für　～のために　→　_____
(3) während　～の間に　→　_____

2. sein alter Freund　彼の古くからの友人
(1) mit　～と一緒に　→　_____
(2) für　～のために　→　_____
(3) wegen　～のせいで　→　_____

3. das große Haus　その大きな家
(1) in　〜の中で　→ _____

(2) für　〜のために　→ _____

(3) trotz　〜にもかかわらず　→ _____

4. viele Menschen　多くの人々
(1) mit　〜と一緒に　→ _____

(2) für　〜のために　→ _____

(3) wegen　〜のせいで　→ _____

〔3〕ドイツ語で書いてみましょう。

1. それは長い一日になる。【不定冠詞を使って】
（長い lang、一日 der Tag、なる werden）
→ _____

2. 私たちは自分の家を持っていない。【否定冠詞を使って】
（自分の eigen、家 das Haus）
→ _____

3. 私にお湯を持ってきてください。【無冠詞で】［お湯＝熱い水］
（熱い heiß、水 das Wasser、持って来る bringen）
→ _____

4. 私は左の足に痛みがある。【所有冠詞を使って】
（左の link、足 das Bein、痛み Schmerzen［複数形］、ある haben）
→ _____

5. どうして空っぽのグラスがここにあるの？【定冠詞を使って】
（空っぽの leer、グラス Gläser［複数形］、ある stehen）
→ _____

Teil **IV** Lektion **3** …… **形容詞の名詞化**

 ●形容詞の名詞化の法則❶：大文字にして語尾をつける　

形容詞	名詞化

blond（ブロンドの）→　**die Blonde**（ブロンドの女性）

deutsch（ドイツの）→　**ein Deutscher**（ドイツ人男性）　など

 ●形容詞の名詞化の法則❷：男性・女性・複数は「人」　

> **Der Unbekannte stellte sich als mein Verwandter heraus.**＊注
> その見知らぬ男性は、私の親戚だとわかった。

> **Er will eine Deutsche heiraten.**
> 彼はドイツ人女性と結婚しようと思っている。

＊注 sich herausstellen という分離動詞の再帰動詞です。

●形容詞の名詞化の法則❶：大文字にして語尾をつける　★★

　迷宮はうまく抜け出せましたか？　次は、形容詞の名詞化を見ていきましょう。3つの迷宮の横に立てられた、小さな離宮のようなものです。ぜひこちらも立ち寄っていきましょう。

　形容詞を名詞にするには、まず語頭を大文字にします。これでまず、名詞になる資格ができました。

　次に、語尾をつけます。「もういやだ」と言わずに、ここはぐっと我慢しましょう。語尾は、［形容詞の格変化の法則❶〜❸］とまったく同じです。

　左側の例では、「blond」（ブロンドの）という形容詞の語頭を大文字にし、定冠詞の die がついて女性形になっているので、「-e」という語尾がついています。前の課の［表2］の女性1格の語尾と同じですね。もう1つの例では、「deutsch」（ドイツの）が大文字になり、ein という不定冠詞がついて男性形になっているので、語尾は「-er」です。前の課の［表3］の男性1格と同じ語尾です。

　◎裏を返せば、前の課の［表1〜3］に形容詞をあてはめ、すべて大文字にすれば、形容詞の名詞化ができる、ということになります。これは楽ですね。

●形容詞の名詞化の法則❷：男性・女性・複数は「人」　★★

　さて、形容詞を名詞化すると、どのような意味になるのでしょう。これには2通りあります。まず、「人」を表すときです。これは、形容詞を名詞化した際に、男性形か女性形か複数形になったときです。男性形なら「男性」、女性形なら「女性」、複数形なら「人々」になります。これは納得できますね。

　1つめの例文では、「der Unbekannte」ですから、男性1格。「見知らぬ人」は男性ですね。「mein Verwandter」も男性1格。男性です。2つめの例文は、「eine Deutsche」ですから女性4格。「ドイツ人」は女性です。［形容詞の格変化の法則❶〜❸］で見たように、冠詞か語尾を見れば、性や格がわかりますね。迷宮を抜け出したのですから、離宮にはあまり時間がかからないはずです。

●形容詞の名詞化の法則❸：中性は「物・こと」　

Das Neue an dem Seminar ist die Gruppenarbeit.

そのゼミで目新しいのは、グループ作業だ。

Das Thema hat auch etwas Besonderes an sich.

テーマもそれ自体、何か特別だ。

✓ *N o t i z*──●参考　

　［法則❸］に出てきた「etwas Besonderes」は、英語の「*something special*」にあたる言いかたです。ドイツ語では**形容詞が名詞化され、中性**になります。そのため、形容詞の部分を**大文字で書き始め**ます。

　なお、「*nothing special*」も同様です。「nichts Besonderes」というように書きます。

●形容詞の名詞化の法則❸：中性は「物・こと」

　もう1つの意味は、「物・こと」です。これは、中性形になったときです。

　例文では、「das Neue」なので中性（ここでは1格です）。2つめも、「etwas Besonderes」なので中性（ここでは4格です）。どちらも「人」ではありません。

Mini-Übungen

　　［法則❷］ の例文を、男女逆にしてみましょう。

1. Die Unbekannt〔　　　〕 stellte sich als meine Verwandt〔　　　〕 heraus.
   その見知らぬ女性は、私の親戚だとわかった。

2. Sie will einen Deutsch〔　　　〕 heiraten.
   彼女はドイツ人男性と結婚しようと思っている。

Kaffeepause

格変化する名詞

　形容詞の名詞化は、語尾が一定でないので、ヘビ（？）のように、つかみどころがないかもしれませんね。

　実は前にも、語尾が変化してしまう名詞が出てきています。覚えているでしょうか？　そうです。2格に「-s」がつかず、単数2格以降すべてに「-en」または「-n」がついてしまう名詞、男性弱変化名詞*注がありましたね。形容詞の名詞化と比べてみましょう。

	男性弱変化名詞	形容詞の名詞化
1格	der Student（学生）	der Deutsche（ドイツ人男性）
2格	des Studenten	des Deutschen
3格	dem Studenten	dem Deutschen
4格	den Studenten	den Deutschen

　どうでしょうか？　名詞なので、1格には何の語尾もつきませんが、2格以降は、冠詞がついたときの形容詞の語尾と、よく似ていますね。もちろん、この2つのグループは別個のものですが、「弱変化」という点ではよく似ていますので、関連付けて覚えるのもいいかもしれません。いずれにしても、「文中に出てくる形と、辞書の見出しに載っている形が違う」ということに気を付けてください。

*注　Teil II-5「定冠詞の法則」のいちばん最後にある「Notiz 2」
（p.90）を参照してください。

Teil **IV** Lektion 4 ······ 比較級と最上級

（1）形容詞の比較級

●比較級の法則❶：語尾に「-er」をつけて変音させる ★★

原級		比較級
alt（古い）	→	**älter**（より古い）
groß（大きい）	→	**größer**（より大きい）　　など

✓ *N o t i z* ──●参考 ★★

　英語と同じで、**不規則な比較級**もあります。代表的なものを3つ挙げておきましょう。

原級		比較級
gut（良い）	→	besser（より良い）
viel（多い）	→	mehr（より多い）
hoch（高い）	→	höher（より高い）

 ●比較級の法則❷：比較の対象は als

Diese Quelle ist älter als jene.
この資料はあの資料より古い。

Ich finde das Buch viel interessanter als das andere.
この本は、もう1冊の本よりずっと面白いと思う。

●**比較級の法則❶：語尾に「-er」をつけて変音させる**

　ドイツ語の比較級は、英語の比較級よりも簡単です。語形が1種類しかないからです。しかも、英語と同じ「-er」を語尾につけるだけです。その際に、ウムラウトがつけられる母音にウムラウトをつけます。音が変わるわけですね。（ただし、1音節の語に限ります。）

　規則は、これだけです。どんなに長い単語であっても、語尾に「-er」をつければ比較級になるのです。

●**比較級の法則❷：比較の対象は als**

　では、実際に比較級を使ってみましょう。比較の対象は、als という接続詞を用います。英語の *than* にあたる表現ですね。

◎ als のあとは、比較している相手と同格になります。1つめの例文では、「diese Quelle」という主語との比較なので、als のあとも1格になっていますし、2つめの例文では「das Buch」という4格の目的語との比較なので、als のあとも4格になっています。

◎ als という接続詞は、すでに何回か出てきました。ここで用法をまとめておきましょう。
　　①従属接続詞で、副文を作る＝「〜したとき」
　　②比較の対象で、比較級のあとに来る＝「〜よりも」
　　③それ以外のとき＝「〜として」

→ ●比較級の法則❸：名詞を修飾すると格変化の語尾がつく

Das ist eine ält<u>ere</u> Quelle.

これは、古いほうの資料です。

Ich finde es ein viel interessant<u>eres</u> Buch.

これは、ずっと面白い本だと思います。

✓ *N o t i z 1* ――●参考

　　比較級を強調するには、viel または noch という副詞を比較級の直前に置きます。法則❷と❸の、それぞれ2つめの例文がそうですね。viel は「ずっと」、noch は「さらに」という意味になります。

✓ *N o t i z 2* ――●参考

　　英語のように、*less* を使った表現もあります。ドイツ語でも、wenig（少ない）の比較級、weniger を使います。

　　Diese Quelle ist **weniger** nützlich als jene.

　　　　この資料はあの資料ほど役に立たない。

●**比較級の法則❸：名詞を修飾すると格変化の語尾がつく**

　さて、またまた迷宮にご案内しましょう。今度のは、規模は小さいけれど、「鏡の間」といった感じでしょうか。

　形容詞の比較級も、もとは形容詞ですから、名詞を修飾できます。ぴんと来ましたか？　そうです。ここでも、[形容詞の格変化の法則❶～❸]が適用されるのです。

　なぜ「鏡の間」かというと、惑わされてしまうからです。例文を見てください。形容詞の語尾だけ見ると、見慣れた形容詞の格変化になっていますね。2つの文を、比較級でない文に書き直してみましょう。

Das ist eine alt**e** Quelle.

　これは古い資料です。

Ich finde es ein sehr interessant**es** Buch.

　これはとても面白い本だと思います。

　違いがわかるでしょうか？　よーく見ると、比較級では、「-er」の分だけ長くなっていますね。この、比較級を表す「-er」の部分が、格変化の語尾よりも前に来てしまうのです。そのため、ぱっと見ただけでは、比較級だと気付かないことが多くなってしまうのです。

　◎実感としては、辞書の見出しと、格変化の語尾の間に「r」が挟まっているなあ、という感じでしょうか。「ちょっと長いぞ。rが邪魔だ」と思えるようになれば、しめたものです。あなたの目は、かなりドイツ語化されてきましたよ。

　◎もちろん、名詞化もできます。有名なことわざを1つ紹介しておきましょう。
　Der Klüger**e** gibt nach. *注　賢いほうが譲る（＝負けるが勝ち）

*注　nachgeben という分離動詞です。

（2）形容詞の最上級

●最上級の法則❶：語尾に「-st」をつけて変音させる

原級		最上級
alt（古い）	→	**ältest**（最も古い）
groß（大きい）	→	**größt**（最も大きい）

✓ *Notiz*——●参考

　最上級にも、**不規則**なものがあります。覚えやすいように、比較級を含めて3つの形を並べておきますね。

原級		比較級		最上級
gut（良い）	→	besser（より良い）	→	best（最も良い）
viel（多い）	→	mehr（より多い）	→	meist（最も多い）
hoch（高い）	→	höher（より高い）	→	höchst（最も高い）

（hoch の最上級は、規則的に作れます。）

●最上級の法則❷：単独では「am ___ sten」となる

Ich finde das erste Kapitel am interessantesten.

第1章がいちばん面白いと思う。

Die Deutschprüfung findet am ehesten statt.＊注

ドイツ語の試験が最も早く行われる。

＊注 stattfinden という分離動詞です。

●最上級の法則❶：語尾に「-st」をつけて変音させる ★★

　最上級は、これまた英語と同じように「-st」が語尾につきます。その際に、ウムラウトできる母音はウムラウトします。（これも、1音節の語に限ります。）

　　◎発音の関係で、「-st」の前に「e」が入ったり、すでに「s」の音が語末にある形容詞は「-t」だけがついたりすることもあります。「ältest」では「e」が挿入され、「größt」では「s」が省略されていますね。

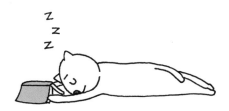

 ●最上級の法則❷：単独では「am ___ sten」となる ★★

　ドイツ語の最上級は、単独では使われません。単独で使いたいときは、必ず「am ___ sten」という形になります。例文の1つめでは形容詞の述語表現、2つめでは副詞としての用法ですね。

●最上級の法則❸：名詞を修飾すると格変化の語尾がつく　★

Ich finde das erste Kapitel das interessanteste.

第1章がいちばん面白いと思う。

Die schwierigste Prüfung war Deutsch.

ドイツ語がいちばん難しい試験だった。

●最上級の法則❸：名詞を修飾すると格変化の語尾がつく

　最上級を単独で使わないときは、名詞を修飾します。このときの格変化は、やはり［形容詞の格変化の法則❶〜❸］が適用されます。

　よーく見ると、ここでも最上級を表す「-st」の部分が、格変化の語尾よりも前に来ています。つまり、辞書の見出しと、格変化の語尾の間に「st」が挟まっているのです。比較級の場合と、作りは同じですね。

　　◎例文の１つめでは、あとに来る名詞が省略されています。意味的には「Kapitel」
　　　が入るのですが、２度も続けて言うのはくどいので、省略するのです。

　　◎比較級と同じく、名詞化もできます。
　　　der Liebste / die Liebste（最愛の男性／女性）
　　　die Ältesten（最長老の人々）
　　　das Beste（最善）　など

Mini-Übungen

形容詞を適切な形にしてください。

1. Die〔(a)　　　〕Version ist〔(b)　　　〕als die〔(c)　　　〕.
　　(a) kurz　(b) praktisch　(c) lang
　短い版のほうが、長いほうの版より使いやすい。

2. Mit den〔(a)　　　〕Computern arbeitet man am〔(b)　　　〕.
　　(a) neu　(b) schnell
　最新のコンピュータを使うと、最も速く仕事ができる。

Übungen 11

---

〔1〕形容詞を正しい形にしてください。

（※ 大文字／小文字の区別と、語尾に気を付けること）

1. deutsch　　ドイツの
(1) Sehen wir einen〔　　　　　　〕Film!
　　　ドイツの映画を見ようよ。
(2) Ich kenne einen〔　　　　　　〕.
　　　私はドイツ人男性を知っています。
(3) Die〔　　　　　　〕gehen gerne spazieren.
　　　ドイツ人は散歩に行くのが好きだ。
(4) Lesen Sie〔　　　　　　〕Zeitungen?
　　　ドイツの新聞をお読みになりますか?

2. krank　　病気の
(1) Der〔　　　　　　〕Vater liegt im Bett.
　　　病気の父親はベッドに寝ている。
(2) Wie lange schläft der〔　　　　　　〕?
　　　その病人はどのくらい眠っていますか?
(3) Wir haben〔　　　　　　〕Kinder.
　　　私たちには病気の子どもたちがいます。
(4) Sind Sie mit der〔　　　　　　〕verwandt?
　　　その病気の女性とご親戚ですか?

---

〔2〕形容詞／副詞を比較級にした文を作ってください。

---

1. Er ist jung.　→　_____
　　　彼は若い。　　彼のほうが若い。
2. Es ist warm.　→　_____
　　　暑い。　　　　さっきより暑い。
3. Sie spricht laut.　→　_____
　　　彼女は大きな声で話す。　彼女はより大きな声で話す。

4. Sie laufen langsam. → _____

　　彼らはゆっくり走る。　　彼らはもっとゆっくり走る。

〔3〕形容詞／副詞を比較級／最上級にした文を作ってください。

1. Ich möchte einen großen Schirm.　私は大きな傘がほしい。

→ _____

　　私はもっと大きな傘がほしい。

2. Brauchen Sie eine lange Pause?　長い休憩が必要ですか?

→ _____

　　もっと長い休憩が必要ですか?

3. Das ist unser junger Sohn.　こちらは私たちの若い息子です。

→ _____

　　こちらは私たちのいちばん下の息子です。

4. Das schmeckt gut.　これはおいしい。

→ _____

　　これがいちばんおいしい。

〔4〕ドイツ語で書いてみましょう。

1. 彼は先ほどよりも自分が強くなったと感じている。
(先ほど vorhin、強い stark、自分が〜と感じる sich fühlen)

→ _____

2. 私はそれを、より簡略化された版で読みました。
(簡単な einfach、版 die Version、読む lesen [過去分詞は gelesen])

→ _____

3. 痛みは今朝がいちばん強かった。
(痛み Schmerzen [複数形]、今朝 heute Morgen、強い stark)

→ _____

Teil **IV** Lektion **5** ······ **関係代名詞**

 ●関係代名詞の法則❶：定冠詞によく似ている

	男性	女性	中性	複数
1格	**der**	**die**	**das**	**die**
2格	dessen	deren	dessen	deren
3格	**dem**	**der**	**dem**	denen
4格	**den**	**die**	**das**	**die**

 ●関係代名詞の法則❷ a：副文を作る

Der Vortrag, den **ich gestern gehört** habe, **war lehrreich.**

昨日聴いた講演は、ためになるものだった。

●関係代名詞の法則❶：定冠詞によく似ている

　形容詞はいかがでしたか？　ややこしいとは思いますが、ここで挫折しないでくださいね。少しぐらい間違えても通じるのですから、構わず次へ進みましょう。

　次は、文単位で修飾する方法を見ていきます。難しいことはありません。英語で習った関係代名詞と、考えかたはほぼ同じです。

　ただし、ドイツ語では性と格を厳密に使い分けますから、関係代名詞もそれだけの数があります。4×4＝16個あるわけですね。

　でも、恐れることはありません。**関係代名詞の形は、定冠詞とよく似ています。**違うところは、2格のすべてと、複数の3格のみです。違うといっても、定冠詞に少し尻尾がついただけですね。

●関係代名詞の法則❷ a：副文を作る

　それでは、**関係代名詞の使いかた**を見ていきましょう。交通標識がはっきりしていますから、左右をきちんと確かめれば、迷うことなくゴールにたどり着けるはずです。

　まず、**関係代名詞で始まる文は、副文になります。**英語で従属節になるのと同じです。

　◎副文、久しぶりに出てきましたね。覚えていますか？　［副文の法則❶：動詞が最後に来る］［副文の法則❷：前後にコンマがある］［副文の法則❸：必ず何かで始まる］の3つでしたね。

　つまり、関係代名詞を使った文は、関係代名詞の前にコンマがあり、最後の動詞のあとにコンマがあるわけです。標識がかなりはっきりしていますね。例文でも、関係代名詞から動詞までの副文が、コンマに挟まれています。

　◎関係代名詞は、アクセントをつけて強く読みます。「ここから副文が始まるよ」というサインになるからです。これに対して、定冠詞は名詞に添えるだけですから、アクセントはつけずに弱く読みます。

●関係代名詞の法則❷ b：性と数は先行詞と一致

Der Vortrag, den ich gestern gehört habe, war lehrreich.

昨日聴いた講演は、ためになるものだった。

●関係代名詞の法則❷ c：格は関係文での役割を表す

Der Vortrag, den ich gestern gehört habe, war lehrreich.

昨日聴いた講演は、ためになるものだった。

✓ *N o t i z*──●参考

　　関係代名詞が２格の場合だけ、注意が必要です。関係文での役割
ではなく、**２格が修飾している名詞と関係してくる**からです。

　　Der Wissenschaftler, **dessen** Vortrag ich gestern gehört habe,
　　kommt aus Frankreich.

　　　　昨日私が講演を聴いた学者は、フランス出身だ。

　この例では、dessen が関係代名詞で、habe までが副文になって
います。先行詞は「der Wissenschaftler」ですね。

　さて、dessen は２格です。**先行詞＝関係代名詞**ですから、これ
を関係文にあてはめて読むと、「その学者の講演を私は昨日聴いた」
となります。**２格が次の名詞を修飾している**のですから、「～の」と
なりますね。

　しかし、この「～の」という部分は、関係文の中での役割を表し
ているわけではありません。関係文の中では、「**dessen Vortrag**」
全体が、4格として目的語の役割を持っています。つまり、関係代
名詞の２格は、**次に来る名詞とセット**になって、関係文の中では埋
没してしまうのです。

●関係代名詞の法則❷ b：性と数は先行詞と一致　　　　

次に、先行詞との関係を考えていきましょう。

　　◎先行詞というのは、関係代名詞が修飾している相手です。英語と同じように、
　　　関係文は後ろから修飾しますので、先行詞が関係代名詞より前に来ます。つまり、
　　　先行詞は左側にあるわけですね。

　先行詞と関係代名詞は、性と数が一致します。格に関係なく、先行詞
が男性名詞なら関係代名詞が男性、女性名詞なら女性、中性名詞なら中
性、複数名詞なら複数になります。

　例文では、先行詞が「der Vortrag」ですから、男性名詞です。そのため、
関係代名詞が男性になっています。（ここでは４格です。）格は関係ない
ので、先行詞と関係代名詞の格が異なっていても構いません。

●関係代名詞の法則❷ c：格は関係文での役割を表す

　それでは、関係代名詞の格は、何と関係しているのでしょう。答えは、
関係代名詞の右側にあります。そうです。関係文の中での役割なのです。
１格なら主語、４格なら目的語、３格なら間接目的語ですね。

　例文では、男性４格の関係代名詞を使っています。つまり、関係文の
中での目的語、ということになります。主語は ich、動詞は gehört habe
という完了形で、その目的となるわけですね。

●関係代名詞の法則❸：前置詞は関係代名詞の前に来る　

Das Thema, mit dem ich mich beschäftige, wurde im Vortrag erwähnt.

私が取り組んでいるテーマが、その講演で言及された。

●関係代名詞の法則❹：was は特殊な場合に使う　

Alles, was ich hören wollte, kam im Vortrag vor.＊注

私が聴きたかったことすべてが、その講演で扱われた。

読むもの すべてが 面白いのだ。
Alles, was ich lese, ist interessant.

＊注　vorkommen という分離動詞です。

●関係代名詞の法則❸：前置詞は関係代名詞の前に来る

　［法則❷a］から［法則❷c］まで、納得いただけたでしょうか。左右をきちんと見ていけば、関係代名詞も怖くありませんね。

　ところで、関係代名詞に前置詞が組み合わさる場合、少し見通しが悪くなりますので、注意が必要です。前置詞が常に、関係代名詞よりも前に来るからです。

　例文では、「mit dem」の dem が関係代名詞です。3格になっているのは、前置詞 mit が3格をとるからです。先行詞が「das Thema」なので、中性の3格になっています。

　　◎このように、コンマのあとが前置詞になってしまうので、その次に来るものが
　　関係代名詞だと気付かないことも多いようです。［副文の法則❸：必ず何かで始
　　まる］の例外、というわけですね。

 ●関係代名詞の法則❹：was は特殊な場合に使う

　今まで見てきた関係代名詞は、定冠詞とよく似たものを使っていましたが、was という関係代名詞もあります。「何が」という疑問詞と、同じ形をしていますね。

　この was は、先行詞が特殊な場合に使います。具体的には、先行詞に das、alles（すべて）、nichts（何も）、etwas（何か）といった語や、形容詞が中性名詞化されたもの（das Beste など）が来た場合です。いずれも、すぐには内容が具体的に思い浮かばない先行詞ばかりですね。例文では、alles が先行詞なので、関係代名詞は was を使っています。

●関係代名詞の法則❺：先行詞のいらない was と wer もある

Wer den Vortrag hören will, soll sich melden.

その講演を聴きたい人は、申込みをする必要がある。

Was man dazu braucht, ist nur eine Unterschrift.

そのために必要なものは、サインだけだ。

✓ *N o t i z* ――●参考　　　　　　　

　英語と同じく、**関係副詞**もあります。wo（場所）、als/wenn（時）、warum（理由）などがあります。考えかたは英語と同じです。例文で確認してください。

　　Das ist der Hörsaal, **wo** ich den Vortrag gehört habe.

　　これが、その講演を聴いた大教室だ。

→ ●関係代名詞の法則❺：先行詞のいらない **was** と **wer** もある　★★

　　最後に、英語の *what* のように、先行詞を必要としない関係代名詞を
見ていきましょう。ドイツ語では、was と wer の 2 種類あります。疑問
詞と同じで、was は「物」、wer は「人」ですね。

　　先行詞を必要としないのは、関係代名詞が先行詞を含んでいるからで
す。was は「〜する物は」、wer は「〜する人は」という意味になります。

◎ was または wer で始まる副文は、間接疑問文にもあります。文脈に注意して、
　意味を取り違えないようにしましょう。
　　Wer den Vortrag hören will, weiß ich nicht.
　　　だれがその講演を聴きたいのか、私にはわからない。
　　Erich fragt, was man dazu braucht.
　　　そのためには何が必要なのか、とエーリヒが尋ねる。

Mini-Übungen

関係代名詞を入れてみましょう。

1. Die Vorlesung, 〔　　　　　〕ich jeden Montag besuche, ist sehr
   interessant.
   毎週月曜日に出ている講義は、とても面白い。
2. Der Professor, 〔　　　　　〕die Vorlesung hält, erzählt immer etwas,
   〔　　　　　〕uns fasziniert.
   その講義をしている教授は、われわれを引きつけることをいつも何か話し
   てくれる。
3. Die Studenten, mit 〔　　　　　〕ich im Seminar arbeite, sind auch
   dabei.
   私がゼミで一緒に勉強している学生たちも、その講義を聴いている。

Übungen 12

〔1〕適切な関係代名詞を入れてください。

1. 君のことを待っている□□は、あそこに立っています。

(1) Dort steht der Mann, 〔　　　　　　　〕 auf dich wartet.

(2) Dort steht die Frau, 〔　　　　　　　〕 auf dich wartet.

(3) Dort steht das Kind, 〔　　　　　　　〕 auf dich wartet.

(4) Dort stehen die Kinder, 〔　　　　　　　〕 auf dich warten.

2. これが彼の言っていた□□ですか?

(1) Ist das der Bus, 〔　　　　　　　〕 er gemeint hat?（バス）

(2) Ist das das Brot, 〔　　　　　　　〕 er gemeint hat?（パン）

(3) Sind das die Blumen, 〔　　　　　　　〕 er gemeint hat?（花）

(4) Ist das die Tür, 〔　　　　　　　〕 er gemeint hat?（ドア）

3. 私が助けるべき□□はどこにいますか?

(1) Wo ist das Kind, 〔　　　　　　　〕 ich helfen soll?

(2) Wo ist der Mann, 〔　　　　　　　〕 ich helfen soll?

(3) Wo ist die Frau, 〔　　　　　　　〕 ich helfen soll?

(4) Wo sind die Kinder, 〔　　　　　　　〕 ich helfen soll?

〔2〕関係代名詞を使って、2つの文をつなげてください。

（※ 下線部が先行詞になります。）

1. Ich lese gerade <u>ein Buch</u>.　私はちょうど今、本を読んでいる。

   Das Buch wurde in der Vorlesung empfohlen.

   　　　その本は講義で推薦された。

   →　_____

   　　　私はちょうど今、講義で推薦された本を読んでいる。

2. <u>Der Zug</u> fährt heute nicht.　その列車は今日は走っていない。

   Den Zug haben wir gestern genommen.

   　　　その列車に昨日私たちは乗った。

→ _____

昨日私たちが乗った列車は、今日は走っていない。

3. <u>Die Frage</u> finde ich komisch.　その質問はおかしいと思う。
Die Frage hat sie gestellt.　その質問は彼女がした。
→ _____

彼女がしたその質問はおかしいと思う。

4. Das ist <u>das Buch</u>.　これがその本です。
Von dem Buch habe ich Ihnen erzählt.
その本についてあなたにお話ししました。
→ _____

これが、あなたにお話ししたその本です。

5. Es gibt viele <u>Nächte</u>.　たくさんの夜がある。
In den Nächten kann man nicht schlafen.　夜に眠れない。
→ _____

眠れない夜がたくさんある。

〔3〕ドイツ語で書いてみましょう。

1. 私にはドイツの企業で働く兄がいる。
（企業 die Firma、働く arbeiten、兄 der Bruder）
→ _____

2. ドイツのソーセージが買える店をご存じですか？
（ソーセージ Würste［複数形］、買う kaufen、店 der Laden、知っている
kennen）【関係文の主語は man に】
→ _____

3. 自分が望むすべてを手に入れることはできないよ。
（望む wollen、すべて alles、手に入れる haben）【主語は du に】
→ _____

Teil **IV** Lektion **6** …… 指示代名詞

→ ■●指示代名詞の法則❶：関係代名詞と同じ形を使う　　　★

Welchen Füller meinst du? Meinst du den da?

どの万年筆のこと？　これのことかい？

✓ *N o t i z* ──●参考

　1つだけ、関係代名詞と異なる形のものがあります。複数2格で、関係代名詞と同じ deren のほか、**derer** という形があるのです。これは**名詞の後ろにつき、そのあとに関係代名詞を伴います。**（derer が、関係代名詞の先行詞になります。）複数形ですので、「**～する人々の**」という意味になります。例文で確認してください。

　　Hier habe ich die Namen **derer**, die die Prüfung bestanden haben.

　　ここに、試験に受かった人たちの名前があります。

●指示代名詞の法則❶：関係代名詞と同じ形を使う

　指示代名詞は、形が関係代名詞と同じです。ということは、大部分が定冠詞とも同じですね。そのため、つい存在を忘れてしまいがちですが、それなりに独自の役割を持っています。地味ではありますが、力強いんですよ！

　例文では、den は男性4格で、万年筆 Füller を指しています。

　　Meinst du **den Füller** da?

　　　ここにある万年筆のことかい？

と言っても同じですので、「den のあとに来るはずの Füller を省略している」と考えても、間違いはないでしょう。定冠詞を独立して使っている、とでもいうのでしょうか。（実際には、den は定冠詞ではなく、指示代名詞です。）

　　◎指示代名詞も、関係代名詞と同じく、アクセントをつけて強く読みます。1語で「定冠詞＋名詞」を含んでおり、力強いからです。

●指示代名詞の法則❷：指し示す力が強い

Das ist mein bester Füller. Mit dem schreibe ich gerne.

これが、僕のいちばんの万年筆だ。
これで書くのが好きなんだ。

Heute schreibe ich an meine Mutter und deren Schwester.

今日は母と、母の妹に手紙を書こう。

●指示代名詞の法則❸：名詞の代用をする

Mein Füller kostete viel mehr als der meines Bruders.

僕の万年筆は、弟の万年筆よりもずっと高かった。

✓ *Notiz*──●参考 ★

中性単数 **das** は、中性名詞以外にも、節や句、文などを受けることもできます。例文を見てください。

> Heute gibt es keine Vorlesung. Hast du **das** gehört?
>> 今日は講義がないんだって。聞いた？
> **Das** ist unmöglich!
>> それはありえないよ。

1つめの das は 4 格、2つめは 1 格ですね。いずれも、「講義がない」というまとまった内容を、das 1 語で受けています。

このほか、「これは～です」などと紹介するときにも使えます。

●**指示代名詞の法則❷：指し示す力が強い**

　さて、指示代名詞の力強さを実感していただきましょう。「指示」代名詞というくらいですから、**指し示す力が強い**のです。

　1つめの例文では、dem は万年筆 Füller を指しています。「これこれ！これなの！ これを使うとね……」といった感じで、ものすごく思い入れが入っています。

　　◎定冠詞を使って言うと、
　　　Mit dem Füller schreibe ich gerne.
　　となり、これは「この万年筆で…」と淡々と述べているだけの文です。人称代名詞に書きかえてみると、
　　　Damit schreibe ich gerne. *注
　　となりますが、これまた、「これを使うと…」とさらりと言っています。

　2つめの例文では、deren は女性2格ですね。指し示す力が強いので、この deren は、**直前にある母 Mutter を指す**ことになります。

　　◎所有冠詞を使って言うと、
　　　Heute schreibe ich an meine Mutter und ihre Schwester.
　　　　今日は母と、彼女の妹に手紙を書こう。
　　となりますが、こうなると、ihre（彼女の／彼らの）が何を指すのか、はっきりしません。母ではなく、ほかのだれかを指す可能性もあるからです。

●**指示代名詞の法則❸：名詞の代用をする**

　指示代名詞は、**同じ名詞を繰り返すのを避けるために使う**こともあります。英語の *that* や *those* と同じですね。

　例文では、der は万年筆 Füller を受けています。「als der Füller meines Bruders」と言うと、くどくなるからです。

*注 「物」なので、「mit ihm」ではなく、**前置詞との融合形**を使っています。
（Teil II-9「前置詞の格支配」の「Notiz 3」を参照してください。）

Mini-Übungen

指示代名詞を入れてください。

1. Wer ist der Student da? — 〔　　　　〕kenne ich nicht.

   あそこにいる学生はだれ？ ── その人のことは知りません。

2. Aber sein Gesicht ist〔　　　　〕des Professors ähnlich.

   でも、教授の顔に似ているよね。

第5部 —— Teil V
動詞【後編】

いよいよ最後のブロックになりました。よちよち歩きから始めたドイツ語も、総仕上げに入ります。ここでは、**動詞を使って文を飾る**ことを中心に見ていきます。**zu不定詞**や**分詞**、それに**接続法**が出てきます。難しいからといって敬遠せず、**表現の手段**だと思って接すると、楽しくなりますよ！

Teil V Lektion 1 …… **zu不定詞**

→ ● **zu 不定詞の法則❶：「〜すること」と訳す** ★★

基本形	**zu lernen**（学ぶこと） **zu haben**（持つこと）
分離動詞	**teilzunehmen**（参加すること）
完了形	**gelernt zu haben**（学んだこと） **gekommen zu sein**（来たこと）
助動詞	**sagen zu können**（言えること） **gelobt zu werden**（誉められること）

ミヒャエーラが食べ始める。
Michaela fängt an zu essen.

→ ● zu 不定詞の法則❶：「〜すること」と訳す

　「zu 不定詞」は、「zu + 不定形」の組み合わせで作ります。英語の「*to* 不定詞」にあたる表現です。左側の例でも、基本形は「zu lernen」、「zu haben」など、難しくありませんね。

　問題は、分離動詞の場合です。なんと、「zu」が間に入り込んで、1 語にドッキングしてしまうのです。「zu」が埋もれてしまって、本当に 1 語のように見えますね。わかりにくいですが、「zu」の存在に気付いてあげましょうね！

　また、完了形もあります。「haben/sein + 過去分詞」の順序が逆になって、やはり間に「zu」が入ります。（字間はそのままなので、3 語で 1 セットになります。）

　それ以外に、助動詞を使った場合でも、作りかたは同じです。「助動詞 + 不定形」の順序が逆になって、間に「zu」が入るのです。（こちらもやはり、3 語で 1 セットです。）

　訳しかたの基本は、英語と同じで、「〜すること」となります。これから見ていくように、違うことも多いのですが、まずこの基本をしっかり押さえてくださいね。

● zu 不定詞の法則❷：副文に準じる

Es ist gut, eine Fremdsprache zu lernen.
外国語を勉強するのは、よいことだ。

Er behauptet, Deutsch gelernt zu haben.
彼は、ドイツ語を勉強したと言い張っている。

✓ *N o t i z*──●参考

　「**zu 不定詞句**」はほとんどの場合、副文で言いかえることができます。2つの例文はそれぞれ、次のようになります。比べてみてください。主語が復活し、**動詞が活用**していますね。

　　Es ist gut, **dass** <u>man</u> eine Fremdsprache **lernt**.
　　　外国語を勉強するのは、よいことだ。

　　Er behauptet, **dass** <u>er</u> Deutsch **gelernt hat**.
　　　彼は、ドイツ語を勉強したと言い張っている。

● **zu 不定詞の法則❷：副文に準じる**

　「zu 不定詞」の作りかたがわかったら、次は「zu 不定詞句」の作りかたを見ていきましょう。「zu 不定詞」はもともと動詞なので、「zu 不定詞句」になったときに、**副文のような体裁をとります。つまり、前後にコンマがあり、不定形が最後に来るのです。**始まりと終わりがはっきりしていて、助かりますね。

　　◎副文の３つの法則のうち、［副文の法則❶：動詞が最後に来る］と［副文の法則
　　❷：前後にコンマがある］が適用されることになります。

　１つめの例文では、コンマから最後までが「zu 不定詞句」になります。「eine Fremdsprache zu lernen」の部分ですね。「〜すること」と訳すので、「外国語を勉強すること」となります。**文頭の es は形式主語ですので、「zu 不定詞句」の部分が本当の主語、というわけです。**訳しかたは、英語の *it...to* 構文と同じですね。

　２つめの例文もやはり、コンマ以降が「zu 不定詞句」です。こちらは「zu 不定詞」が完了形になっていますね。「ドイツ語を勉強したこと」となり、これがこの文全体の目的語になっています。

　　◎なお、「zu 不定詞句」は完全な文ではないので、主語がありません。主語がな
　　いということは、一見すると１格に見えるものが、１格ではなく４格だとい
　　うことになります。２つの例文では、「eine Fremdsprache」と「Deutsch」が、
　　それぞれ４格になっています。

→ ● zu 不定詞の法則❸：名詞や形容詞にかかる場合もある ★ ★

Ich habe den Wunsch, diese Aufgabe
erledigt zu haben.
この課題を片付けてしまいたいと思っているんだ。

Bist du bereit, **mir** zu helfen?
助けてくれる気があるかい？

✓ *N o t i z*──●参考

　名詞や形容詞だけでなく、「zu 不定詞句」の内容が**前置詞にかか
る場合**もあります。このとき、直前の前置詞は単独ではなく、必ず
「**da ＋前置詞**」の形で 1 語になります。たとえば、

　　Marie besteht **darauf**, eine Party **zu veranstalten**.
　　　マリーは、パーティーを開くことに固執している。
の場合、「zu 不定詞句」は darauf の内容となります。つまり、

　　Marie besteht **darauf**.
　　　マリーは**それに**固執している。
の「それに」にあたる部分が、直後の「zu 不定詞句」で表されてい
る、というわけですね。

　もちろん、副文で言いかえることもできます。
　　Marie besteht **darauf**, **dass** <u>sie</u> eine Party **veranstaltet**.
　　　マリーは、パーティーを開くことに固執している。

● zu 不定詞の法則❸：名詞や形容詞にかかる場合もある

　「zu 不定詞」の基本を、しっかりつかめたでしょうか？　英語と違って、コンマで始まり、「zu ＋ 不定形」が最後に来るので、初めはとまどうと思います。でも、中級の学習者も苦手な人が多い項目ですので、その点はご安心（？）くださいね。気長につきあっていきましょう。

　さて、基本を押さえたら、次は応用編です。訳しかたが「〜すること」とならない場合を見ていきましょう。

　1つめの例文は、「zu 不定詞句」が直前の名詞「den Wunsch」にかかっています。つまり、Wunsch（願望）の内容というわけですね。そのため、「〜するという願望」となります。

　2つめの例文は、「zu 不定詞句」が直前の形容詞「bereit」にかかっています。bereit（準備ができた）の内容ですね。

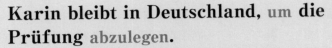

● zu 不定詞の法則❹：「um…＋zu 不定詞」は「〜するために」

Karin bleibt in Deutschland, um die Prüfung abzulegen.

カーリンは、試験を受けるためにドイツに残ります。

✓ *N o t i z*──●参考

中級以上で重要となる構文に、「haben + zu 不定詞」と「sein + zu 不定詞」があります。この２つは、文中にコンマを使いません。

Karin **hat** eine Prüfung **abzulegen**.
カーリンは試験を受けなくてはならない。

Zwei Bücher **sind** noch **zu lesen**.
本をあと２冊読まなくてはならない。

このように、それぞれ「**しなくてはならない**」「**されなくてはならない**」となり、助動詞 müssen の意味が入ります。「sein + zu 不定詞」の場合は、**受け身**の意味になることに注意してください。「**されうる**」という**可能** können の意味になることもあります。

（「haben + zu 不定詞」のほうは、語順こそ違いますが、英語の *have to* 〜と同じ意味になりますね！）

●zu 不定詞の法則❹：「um…＋zu 不定詞」は「～するために」 ★

「zu 不定詞」の用法は以上ですが、これ以外に、様々な構文があります。その代表的なものが、ここに挙げた「um ＋ zu 不定詞」です。英語の *in order to* ～と同じで、目的を表します。

ほかに、「ohne ＋ zu 不定詞」（～することなしに）、「statt ＋ zu 不定詞」（～するかわりに）などがあります。セットで覚えておくといいでしょう。

Mini-Übungen

次の文を訳してみましょう。zu 不定詞の訳しかたのパターンはどれになりますか？
    (a)「～すること」
    (b) 名詞または形容詞にかかる
    (c) 前置詞にかかる

1. Wir sind nicht fähig, alles auswendig zu lernen.
  [語句：fähig 能力がある、auswendig 暗記して]
2. Es ist daher notwendig, das Wichtigste zu erkennen.
  [語句：daher それゆえに、notwendig 必要だ、wichtig 重要な、erkennen 見分ける]
3. Es geht auch darum, die Grundlage zu verstehen.
  [語句：es geht um ～ ～が大事だ、Grundlage 基礎、verstehen 理解する]

Teil V Lektion 2 …… 現在分詞

→ ●現在分詞の法則❶：不定形に「-d」がつく ★★★

不定形		現在分詞
bleiben（とどまる）	→	**bleibend**
aufregen（興奮させる）	→	**aufregend**

✓ *Notiz*──●参考

例外が2つだけあります。**語幹と「-n」の間に「e」が入る**のです。

不定形		現在分詞
sein（～である）	→	sei<u>e</u>nd
tun（する）	→	tu<u>e</u>nd

いずれも、発音しやすくするためです。どちらにしても、目印の「-nd」がありますから、現在分詞だとわかりますね。

→ ●現在分詞の法則❷：形容詞や副詞として使える ★

Die Frage ist brennend**.**
その問題は緊急だ（＝燃えている）。

Sie stellt auch eine aufregend**e Tatsache dar.***注
それに、センセーショナルな（＝興奮させる）事実でもある。

Die Folge muss erschreckend **groß sein.**
それが及ぼす効果は、とても（＝驚かすほど）大きいに違いない。

*注 主語の sie は前の文の die Frage を指しています。動詞は darstellen という分離動詞です。

●現在分詞の法則❶：不定形に「-d」がつく　 ★★★

　次に、動詞を使って文を飾るもう１つの方法を見ていきましょう。動詞自体を形容詞にしてしまうのです。それが、分詞です。

　英語と同じく、分詞には２種類あります。現在分詞と過去分詞ですね。過去分詞はすでに出てきました。「過去分詞が難しかったから、もしかしたら現在分詞も…？」と思っているあなた、ご安心ください。ドイツ語の現在分詞は、とっても単純です。

　どのように単純かというと、不定形に「-d」をつけるだけ。どんな動詞も、これでできてしまいます。分離動詞も非分離動詞も関係ありません。これは楽ですね！

　◎不定形は必ず「-en」または「-n」で終わっていますので、「-d」をつければ「-nd」
　　となります。これがいわば、現在分詞の目印になります。

●現在分詞の法則❷：形容詞や副詞として使える　 ★

　現在分詞の意味は、英語とほぼ同じで、「〜している」「〜しつつある」と能動的です。形容詞として使えますので、[形容詞の用法の法則❶〜❸]がそのまま適用されます。つまり、副詞としても使えるし、名詞にかかるときは活用語尾がつく、というわけです。

　◎よく使われる現在分詞は、形容詞として辞書に載っていることが多いですが、
　　動詞の元の意味を確かめながら意味を考えると、わかりやすくなるでしょう。（例
　　文では、カッコ内の訳が動詞の元の意味になります。）

　◎また、現在分詞も形容詞ですから、名詞化できます。「〜する人」「〜する物・こと」
　　という意味になります。よく使われる例を挙げておきます。
　　　reisen（旅行する）　　→　ein Reisender（旅行者）
　　　vorsitzen（前に座る）　→　der Vorsitzende（議長、会長など）
　　　folgen（続く）　　　　→　das Folgende（次に述べること）

→ ●現在分詞の法則❸：副詞句は分詞構文になる

Den Ratschlägen folgend, schrieb Boris
zuerst das Vorwort.

忠告に従って、ボーリスはまず序文を書いた。

→ ●現在分詞の法則❹：形容詞は冠飾句を作る

Er entwickelte seine mit Hegel zusammen-
hängende Idee.

彼は、ヘーゲルとつながりのある自分の考えを展開させた。

✓ *N o t i z*──●参考

　現在分詞は能動的な意味、というのが原則ですが、1つだけ例外があります。現在分詞が「zu」と組になって使われる場合です。「〜されうる」「〜されなければならない」という受け身の意味になります。「sein + zu 不定詞」の場合と同じですね。例文で確認してください。

　　Hier sind die noch **zu lesend**en Bücher.
　　　ここに、まだ読まなくてはいけない本がある。

　なお、「（これから）〜されうる」「（これから）〜されなければならない」という意味になることが多いので、「zu + 現在分詞」は、**未来分詞**ともよばれています。

●現在分詞の法則❸：副詞句は分詞構文になる

　分詞の使いかたを拡大したものが、分詞構文です。英語と違って、分詞が最後にありますので、注意してください。ふつう、前後にコンマがあります。

　例文では、folgend が現在分詞です。動詞 folgen（従う）は３格をとりますので、その前に３格の目的語が来ています。現在分詞は能動的な意味になるので、「〜しながら」となります。

●現在分詞の法則❹：形容詞は冠飾句を作る

　さて、ドイツ語文法の中で最も難しい項目が、ここに挙げた冠飾句だといえるでしょう。中級や上級の学習者でも、つまずいている人は多いようです。でも、ご安心ください。難しいのは語順だけで、それもなぜ難しいのかというと、英語と逆になるからなのです。英語のこだわりを捨てて、ドイツ語のシステムを理解してしまえば、なんとか攻略できると思いますよ。

　例文では、zusammenhängend という現在分詞に活用語尾がついて、直後の名詞 Idee（考え）を修飾しています。ここまでは難しくありませんね。分詞の前にある「mit Hegel」は、動詞に関連した情報です。そして、これらをひとまとめにして、「seine」という冠詞が Idee までかかっているわけです。

◎ zusammenhängen（つながりをもつ）という動詞は、つながる相手を「mit 〜」で表します。元は動詞ですから、現在分詞になったときも、このような目的語を伴うことができます。このとき、目的語などの付加情報は、分詞より前に来ます。（目的語のほかに、副詞などを付加することができます。）

◎冠飾句でいちばんとまどうのは、おそらく冠詞と名詞が遠く離れてしまうことでしょう。例文でも、「seine」と「Idee」がずいぶん離れていますね。それに、冠詞のあとに一見関係ないものが続くので、それも違和感があることと思います。でも、それさえ慣れてしまえば、語順は日本語と同じになるので、かえって楽になるかもしれません。

ヘルマンは アフロ を 振りながら 踊る。
Hermann tanzt, die Perücke schwingend.

ブン　　　　　　　　ブン

Mini-Übungen

現在分詞を正しい形にして入れてください。

1. Mit〔　　　　　　　　　〕 Interesse hört das Publikum zu.

   〔wachsen 増大する〕（Interesse は中性名詞）

   聴衆はしだいに興味を増大させて聴き入っている。

2. Der Redner beschreibt die Lage〔　　　　　　　　　〕.

   〔treffen 命中させる〕

   演説者は、状況を的確に描写している。

3. Die zu〔(a)　　　　　　　　　〕 Aspekte sollen auch sicher

   〔(b)　　　　　　　　　〕 sein.

   〔(a) betrachten 考察する〕〔(b) überzeugen 納得させる〕

   これから考察されるべき観点も、やはり説得力があるはずだ。

Kaffeepause

過去分詞の場合

　この課では現在分詞を見てきましたが、基本的な使いかたは、過去分詞も同じです。[現在分詞の法則❷〜❹] は、そのまま過去分詞にも適用できるのです。ただし、意味が能動的ではなく、「受け身」になるので、注意しましょう。また、完了形を作るときに sein をとる動詞は、「完了」の意味になります。

　以下、例文で確認してみましょう。

1. 形容詞として使うとき

　　Karin ist **aufgeregt**.

　　　カーリンは興奮している（＝興奮させられている）。

　　Sie kann die **geliehen**en Bücher nicht finden.

　　　借りてきた（＝借りられている）本が見つからないのだ。

2. 副詞として使うとき

　　Konzentriert denkt sie nach.

　　　彼女は集中して考える。

3. 名詞化するとき

　　Sie besuchte gestern einen **Gelehrt**en.

　　　彼女は昨日、学者に会いに行った。

　　（lehren 教える→ gelehrt 教育された＝学識のある）

4. 分詞構文になるとき

　　Nach Hause zurückgekehrt, lag sie auf dem Sofa.

　　　家に帰ってから、彼女はソファーに横になった。

　　（動詞 zurückkehren は完了形で sein をとるので、過去分詞は「完了」の意味になります。）

5. 冠飾句を作るとき

　　Ja, die **von dem Gelehrten geliehen**en Bücher sollen unter der Sofadecke sein!

　　　そうだ、学者に借りた本は、ソファー・クロスの下にあるはずよ！

Übungen 13

〔1〕次の文を zu 不定詞句にしてください。

（※ 主語は無視して構いません。）

1. Sie haben ein Sommerhaus.　彼らは夏の別荘を持っている。
   → Es ist schön, _____.
   　　夏の別荘を持つことはすてきだ。

2. Geh vor Mitternacht ins Bett!　真夜中より前に寝なさい。
   → Es ist gesund, _____.
   　　真夜中より前に寝ることは健康によい。

3. Wir schreiben so viele Wörter ab.
   　　私たちはこんなに多くの単語を書き写す。
   → Ist es nützlich, _____?
   　　こんなに多くの単語を書き写すことは役に立つのですか？

4. Er fängt jetzt mit der Arbeit an.
   　　彼は今から仕事を始める。
   → Hat er die Erlaubnis, _____?
   　　今から仕事を始める許可を彼は持っていますか？

5. Ich habe zu viel gegessen.　私は食べすぎた。
   → Ich habe das Gefühl, _____.
   　　私は食べすぎた気がする。

6. Sie ist so weit gelaufen.　彼女はそんなに遠くまで歩いた。
   → Sie ist stolz darauf, _____.
   　　そんなに遠くまで歩いたことが彼女は自慢だ。

7. Wir essen mit unseren Freunden.
   　　友人たちと一緒に食事をします。
   → Wir gehen aus, um _____.
   　　私たちは友人たちと一緒に食事をするために外出します。

〔2〕次の文を分詞構文もしくは冠飾句にしてください。

（※ 1. 2. は<u>現在分詞</u>、3. 4. は<u>過去分詞</u>になります。）

1. Er sucht nach einer Möglichkeit.　彼は可能性をさがす。
   → ＿＿＿＿＿＿＿＿＿＿＿＿＿＿, denkt er nach.
   可能性をさがしながら、彼はじっくり考える。

2. Die Kraft unterstützt mich.　その力は私を支える。
   → Ich fühle eine ＿＿＿＿＿＿＿＿＿＿＿＿＿ Kraft.
   私は自分を支える力を感じる。

3. Er ist spät zu Hause angekommen.　彼は遅く家に着いた。
   → ＿＿＿＿＿＿＿＿＿＿＿＿＿＿, atmete er auf.
   彼は遅く家に着いて、ほっと息を吐いた。

4. Die Schule wurde vor hundert Jahren gegründet.
   その学校は 100 年前に創立された。
   → Das ist die ＿＿＿＿＿＿＿＿＿＿＿＿＿ Schule.
   こちらが 100 年前に創立された学校です。

〔3〕ドイツ語で書いてみましょう。

1. 私は彼に連絡をつけようと何度も試みた。
   （連絡をつける erreichen［＋4 格］、何度も mehrmals、試みる versuchen［＋ zu 不定詞］）
   → ＿＿＿＿＿＿＿＿＿＿＿＿＿＿＿＿＿＿

2. 彼女はニュースを見るためにテレビをつける。
   （ニュース die Nachrichten、テレビ der Fernseher、つける anmachen［分離動詞］）
   → ＿＿＿＿＿＿＿＿＿＿＿＿＿＿＿＿＿＿

Teil V Lektion 3 …… 接続法の作りかた

●接続法の法則❶：第1式は不定形から作る

不定形		接続法第1式
schreiben（書く）	→	schreibe
wissen（知っている）	→	wisse

✓ *Notiz* ──●参考

　不規則な変化が多かった重要動詞でさえも、規則どおりに作れます。この3つは覚えておくと、あとで便利ですよ。

不定形		接続法第1式
sein	→	sei
haben	→	habe
werden	→	werde

●接続法の法則❷：第2式は過去形から作る

不定形		過去形		接続法第2式
schreiben（書く）	→	schrieb	→	schriebe
wissen（知っている）	→	wusste	→	wüsste

✓ *Notiz* ──●参考

接続法第2式についても、重要動詞は覚えておきましょう。

不定形		過去形		接続法第2式
sein	→	war	→	wäre
haben	→	hatte	→	hätte
werden	→	wurde	→	würde

●接続法の法則❶：第1式は不定形から作る　★★★

　いよいよ、最後の山場にさしかかりました。接続法です。ドイツ語ではふつう最後に習うので、「最後に習う＝難しい」と、自動的に考えてしまう人が多いようですが、この際、思い込みは捨ててしまいましょう。接続法を使うと、様々な表現が自由にできて、とても楽しくなるんですよ！

　まず、作りかたから見ていきましょう。接続法には2種類あります。それぞれ、「接続法第1式」「接続法第2式」とよばれています。無味乾燥な名前ですが、しっかり区別して覚えましょうね。

　接続法第1式は、不定形を使って作ります。具体的に言うと、不定形から「-n」を取った形が基本形になります。例外はありません。うれしいですね。

 ●接続法の法則❷：第2式は過去形から作る　★★★

　それに対して、接続法第2式は過去形を使って作ります。過去形の語尾に「-e」をつけ、ウムラウトがつけられる母音にはウムラウトをつけます。

◎規則変化をする動詞では、過去形がそのまま接続法第2式になります。「-e」はすでについているし、ウムラウトをつける必要もありません。machen（する）→ machte［過去形］→ machte［接続法第2式］のようになります。

◎混合変化をする動詞でも、過去形がそのまま接続法第2式になります。ウムラウトはつけません。bringen（持って行く）→ brachte［過去形］→ brachte［接続法第2式］のようになります。

●接続法の法則❸：基本形に活用語尾がつく

［接続法第1式］● schreiben ●書く

単数人称	複数人称
ich schreibe	wir schreiben
du schreibest	ihr schreibet
er schreibe	sie schreiben

［接続法第2式］● wissen ●知っている

単数人称	複数人称
ich wüsste	wir wüssten
du wüsstest	ihr wüsstet
er wüsste	sie wüssten

●接続法の法則❹：過去は完了形で表す

不定形		完了形（接続法第1式／第2式）
schreiben（書く）	→	geschrieben habe / hätte
gehen（行く）	→	gegangen sei / wäre

●接続法の法則❸：基本形に活用語尾がつく

　接続法の作りかたをざっと見てきましたが、意外と簡単だと思いませ
んでしたか？　不規則な現在形や過去形のように、語幹を新しく覚える
必要はありませんし、手持ちの知識で作れます。そう思うと、肩の荷が
下りますね。

　ところで、ドイツ語ですから、実際に使うときは、これらの基本形に
語尾がつきます。注意するのは三人称単数で、基本形をそのまま使うた
め、ich と同じ形になります。

　　◎２つの表をじーっと見てください。「あれっ？」と思いませんでしたか？　そう
　　です。接続法第１式のほうは、現在形の活用とよく似ているのです。例で言えば、
　　「ich schreibe」「wir schreiben」「sie schreiben」の３ヵ所が同じですね。du
　　と ihr は、語幹と語尾の間に「-e」が入って、長くなっています。三人称単数は、
　　ich と同じ活用になるので、少し変な感じがしますね。

　　◎接続法第２式について言えば、規則動詞は過去形をそのまま使うので、過去形
　　と見分けがつきません。このように、現在形または過去形と共有する形がある
　　のが、接続法の特徴です。

 ●接続法の法則❹：過去は完了形で表す ★★

　作りかたの最後に、時制を見ておきましょう。接続法には、時制があ
りません。接続法に過去形はないのです。そのため、過去を表したいと
きは、完了形を借りてきます。完了形は「haben/sein ＋過去分詞」とな
りますが、この「haben/sein」の部分が接続法になるのです。

第1式は不定形から、第2式は過去形から！

Mini-Übungen

接続法第1式／第2式の形にしてみましょう。

1. lesen（読む）→ ich〔　　　　〕／〔　　　　〕
   ［過去形：las］
2. stehen（立つ）→ er〔　　　　〕／〔　　　　〕
   ［過去形：stand］
3. hören（聞く）→ wir〔　　　　〕／〔　　　　〕
   ［規則動詞］

Kaffeepause

接続法の世界

　いきなり「接続法」と言われても、ピンと来ない人が大半だと思います。接続法って、何なのでしょう？　そもそも、何を「接続」するのでしょうか？

　簡単に言うと、接続法は、「頭の中の世界を表す」ための言いかたです。皆さんも日々、頭の中で、「こうあってほしい」「こうだったらなあ」などと思っていることでしょう。また、だれかに言われたことを、「こう言っていたよ」とまた別のだれかに伝えることもあるでしょう。これが、接続法の世界です。事実ではなく、頭の中の世界を外につなげるための表現なのです。（「つなげる」＝「接続する」！？　と無理やりこじつけてみましたが、おわかりいただけたでしょうか？）

　接続法の用法はこのあと見ていきますが、全部で4種類あります。いずれも「頭の中の世界」ということで、実感してください。

　　1. 要求話法…「こうあってほしい」（接続法第1式）
　　2. 間接話法…「こう言っていたよ」（主に接続法第1式）
　　3. 非現実話法…「こうだったらなあ」（接続法第2式）
　　4. 婉曲話法…「もしよろしければ」（接続法第2式）

　なお、「またたくさんの活用が出てきた……」とうんざりしている人もいることでしょう。でも、接続法の形をわざわざ覚える必要はありません。本文で見たように、不定形と過去形さえわかっていれば、自分で作れるからです。

　こんな簡単に作れて、たくさんのことが表現できる、接続法の世界。十分に楽しんでくださいね！

　　◎接続法に対し、事実を述べる言いかたを「直説法」といいます。これまでに習ってきた現在形、過去形、完了形などはすべて、直説法です。

Teil V Lektion 4 …… 要求話法

 ●要求話法の法則❶：命令を表す

Man beachte den folgenden Hinweis.

次のヒントに注意を払うように。

Jeder nehme ein Blatt.

どの人も、紙を1枚取りなさい。

✓ *N o t i z* ——●参考

実際に、**要求話法と命令形**は、形も似ています。

Beachte den folgenden Hinweis!

次のヒントに注意を払いなさい。

と言えば、du に対する命令文になります。（2つめの例文は、nehmen の活用が不規則なので、要求話法＝命令形とはならず、Nimm ein Blatt! と形が変わってしまいます。）

sein 動詞の Sie に対する命令形が、「Seien Sie ～!」と特別な形になったのを覚えていますか？ 実はこれは、接続法第1式だったのです。

 ●要求話法の法則❷：願望を表す

Du mögest in der Prüfung Erfolg haben.

あなたが試験で成功しますように。

Gott helfe uns!

神が私たちを助けてくださいますように。

●要求話法の法則❶：命令を表す

　それでは、接続法の使いかたを見ていきましょう。まず、接続法第1式による**要求話法**です。その名のとおり、何かを**要求する**言いかたです。

　要求話法は、**命令文**に似ています。違うのは、**主語**があるところでしょうか。「〜は〜すること！」「〜するように！」と偉そうな文になります。

●要求話法の法則❷：願望を表す

　次は、命令より少し和らいだ、何かを**願望する**言いかたです。「〜が〜しますように」という、祈りに似た願望になります。英語で *may* を使う感覚で、ドイツ語では mögen という話法の助動詞をよく一緒に使います。もちろん、この mögen の部分が接続法第1式になるわけですね。

　◎英語にも、接続法のような言いかたがあります。
　　　God save the king! 　国王万歳！
　　　Boys be ambitious! 　少年よ大志をいだけ！
　のような有名な文でも、よく見ると**動詞が原形**になっていますよね。これがドイツ語で言う接続法第1式で、要求話法なのです。（ドイツ語でも、接続法第1式は原形＝不定形から作りますよね！）

●要求話法の法則❸：取り決めを表す ★

Das dritte Kapitel heiße so.

第3章はこんなタイトルにすることにしよう。

Und das sei der Mittelpunkt meiner Abschlussarbeit.

そしてこれが、僕の卒業論文の中心ということにする。

●要求話法の法則❸：取り決めを表す

　そして最後に、命令に似ていますが、**何かを取り決める言いかた**です。「**〜は〜であるとする**」と、勝手に取り決めてしまうのです。数学などで、「X は直線とする」などと言うときも、この要求話法を使います。

> ◎以上、3 つの用法を紹介しました。いずれも、「主語を無理やり述語の内容にしてしまう」のがおわかりいただけたでしょうか。そしてその内容とは、命令にせよ、願望にせよ、勝手な取り決めにせよ、話している人の頭の中にある世界なのです。他にもいくつかありますが、まずはこの 3 つを基本として覚えてください。

Mini-Übungen

要求話法に書きかえ、意味も考えてみましょう。

1. Der Prüfer liest das Folgende laut vor.
   試験官は、下記を声に出して読む。

2. Der Prüfling ist auf eine mündliche Prüfung vorbereitet.
   受験生は、口頭試験に対する準備ができている。

3. Die Prüfung setzt sich aus zwei Teilen zusammen.
   試験は 2 つの部分から構成される。

Teil V Lektion 5 ……間接話法

●間接話法の法則❶：時制の一致はない

Der Professor meinte, ich solle fleißig arbeiten.

教授が、ちゃんと勉強するようにと言っていた。

Sonst werde kein Institut mich aufnehmen.

そうしないと、どの研究室も受け入れてくれないって。

✓ *N o t i z* ──●参考

参考のために、例文を直接話法で書いておきますね。

Der Professor meinte: „Sie **sollen** fleißig arbeiten. Sonst **wird** kein Institut Sie aufnehmen. "

教授が言っていたよ。「ちゃんと勉強しなくてはいけませんよ。そうでないと、どの研究室も受け入れてくれませんよ。」

→ ●間接話法の法則❶：時制の一致はない ★

　接続法第1式のもう1つの用法は、英語でもおなじみの間接話法です。だれかの発言を、別の人に伝える言いかたですね。英語では、時制の一致ということを習いましたが、ドイツ語では気にする必要はありません。［接続法の法則❹］で見たように、接続法に時制がないからです。例文の1つめのように、過去の発言でも、接続法を過去にする必要はありません。楽でいいですね。

　また、接続法というきちんとした形があるため、ドイツ語では地の文を省略することができます。例文の2つめがそうです。「だれが言った」ということは書いてありませんが、動詞が接続法なので、「あ、だれかが言ったことなんだ」ということがわかるのです。便利だと思いませんか？

◎間接話法の部分を、dass をつけて副文にすることもできます。意味はまったく同じです。
　　Der Professor meinte, dass ich fleißig arbeiten solle.
　　　教授が、ちゃんと勉強するようにと言っていた。

◎口語では、接続法第1式による間接話法はあまり使われません。直説法か接続法第2式を使う人が多いです。
　　Der Professor meinte, ich soll fleißig arbeiten. ［直説法（現在形）］
　　Der Professor meinte, ich sollte fleißig arbeiten. ［接続法第2式］

●間接話法の法則❷：時制がずれるときは完了形

Erich sagte, er habe ein Thema für seine Arbeit gefunden.

エーリヒは、論文のテーマを見つけたと言った。

Er sei in einem Buch darauf gestoßen.

本を読んで、そのテーマに行き当たったのだそうだ。

✓ *Notiz* ──●参考

ここでも、例文を直接話法で書いておきます。

    Erich sagte: „Ich **habe** ein Thema für meine Arbeit gefunden.
    Ich **bin** in einem Buch darauf gestoßen. "

      エーリヒは言った。「論文のテーマを見つけたよ。本を読んで、
      それに行き当たったんだ。」

→ ●**間接話法の法則❷：時制がずれるときは完了形**　　　　★ ★

　なお、時制の一致はありませんが、発言の内容が地の文より過去にさかのぼっている場合は、間接話法を完了形にする必要があります。[接続法の法則❹] で見たように、「haben/sein ＋過去分詞」のうち、「haben/sein」の部分が接続法第 1 式になるのでしたね。

　　◎接続法には時制がないため、過去形も現在完了形も過去完了形も、区別ができ
　　ません。どれも完了形 1 つで表現します。

　1 つめの例文は、発言している時点よりも前に、すでに「テーマを見つけて」いるわけですから、この部分が完了形になります。2 つめの例文も、同じです。「テーマに行き当たった」ことが、発言よりも前に完了しています。

●間接話法の法則❸：現在形と同じときは第2式を使う　

Sie sagen, sie hätten keinen Schlüssel dabei.
彼らは、鍵を持ち合わせていないと言っている。

Deshalb müssten wir draußen warten.
だから、われわれは外で待たなくてはいけないそうだ。

✓ *Notiz 1*──●参考

例文を直接話法で書くと、次のようになります。
> Sie sagen: „Wir haben keinen Schlüssel dabei. Deshalb müssen Sie draußen warten.“
>
> 彼らは言っています。「われわれは鍵を持ち合わせていません。だから、外でお待ちいただかなくてはいけません。」

✓ *Notiz 2*──●参考

疑問文の場合、間接話法は次のようになります。
(a) Marie fragt: „Wo ist der Saal?“
「ホールはどこにあるの？」とマリーが尋ねる。
→ Marie fragt, wo der Saal **sei**.
[**間接疑問文**になるので、**副文**を作り、動詞が最後に来ます。]
(b) Marie fragt weiter: „Ist der Saal weit weg von hier?“
マリーはさらに、「ホールはここから遠いの？」と尋ねる。
→ Marie fragt weiter, **ob** der Saal weit weg von hier **sei**.
[疑問詞がつかない疑問文には **ob** をつけます。やはり**副文**になります。]

●間接話法の法則❸：現在形と同じときは第２式を使う

　ところで、［接続法の法則❸］にあったように、接続法第１式が直説法の現在形と同じ活用になることがあります。ich、wir、sie（三人称複数）の場合がそうでしたね。こうなると当然、接続法なのかどうか、見た目では判断できません。そのため、「接続法ですよ」と相手に知らせるために、接続法第２式の活用を借りてきます。

　１つめの例文では、接続法第１式を使うと動詞が「haben」、２つめの例文では「müssen」となり、いずれも直説法の現在形と同じになってしまいます。それでは困るので、接続法第２式を使っているのです。

彼女、幽霊を信じるかって聞くの。
Die Freundin fragt,
ob wir an Gespenster glaubten.

ぶる ぶる

✓ *Notiz 3*──●参考

命令文を間接話法にすると、以下のようになります。

(a) Boris sagte zu Marie: „Komm mit mir!"

　　ボーリスはマリーに言った。「僕と一緒においで！」

　　→ Boris sagte, Marie **solle** mit ihm **kommen**.

　　[**sollen の接続法第 1 式**を使います。要求話法と似ています
　　ね。]

(b) Boris sagte weiter: „Zeig mir bitte die Karte!"

　　ボーリスはさらに言った。「地図を見せてくれる？」

　　→ Boris sagte weiter, sie **möge** ihm die Karte **zeigen**.

　　[命令文でも、**丁寧なお願いの場合には mögen の接続法第 1
　　式**を使います。これまた要求話法と同じですね。]

Mini-Übungen

間接話法に直してください。

1. In der Zeitung steht: „Ein Physiker bekommt einen Nobelpreis, weil
   er ein neues Element entdeckte."

   新聞には次のように載っている。「ある物理学者がノーベル賞を受賞する。
   新しい元素を発見したからだ。」

2. Karin fragt mich: „Hast du Interesse an der Physik?"

   カーリンが僕に聞く。「物理に興味があるの？」

·········· Kaffeepause ··········

助動詞の接続法をマスターしよう

　ここまでで、接続法の世界をほぼ半分探険してきましたが、いかがです
か？　もうさっそく、第1式だか第2式だか混乱している人も少なくないと
思います。ここでもう一度、よく使われる助動詞を例に、復習しておきましょ
う。覚えておくと、便利ですよ。

　まず、話法の助動詞です。6種類ありましたね。接続法第1式は不定形
から「-n」を取るだけで作れますので、簡単ですね。接続法第2式は、過
去形から作ります。過去形にウムラウトをつければできますね。（wollen と
sollen は例外で、接続法第2式でもウムラウトがつきません。）

　下に表を掲げておきますが、横に覚えると混乱しますので、縦に覚えてみ
てください。（「könne, dürfe, müsse, ...」などと唱えていきましょう！）

【話法の助動詞】

不定形		接続法第1式／接続法第2式［過去形］
können	→	könne / könnte [konnte]
dürfen	→	dürfe / dürfte [durfte]
müssen	→	müsse / müsste [musste]
mögen	→	möge / möchte [mochte]
wollen	→	wolle / wollte [wollte]
sollen	→	solle / sollte [sollte]

　その他の助動詞については、本文中では「重要動詞」として紹介してあ
りますが、1つだけ「lassen」を加えておきます。「～させる」という使役の
助動詞です。

【その他の助動詞】

不定形		接続法第1式／接続法第2式［過去形］
sein	→	sei / wäre [war]
haben	→	habe / hätte [hatte]
werden	→	werde / würde [wurde]
lassen	→	lasse / ließe [ließ]

Übungen 14

〔1〕表を完成させてください。

（※ 1.～3. は規則動詞、4.～11. は不規則動詞）

不定形	接続法第1式	過去形	接続法第2式
1. lernen	(a)	(b)	(c)
2. (d)	mache	(e)	(f)
3. (g)	(h)	spielte	(i)
4. bleiben	(j)	blieb	(k)
5. (l)	fahre	fuhr	(m)
6. finden	(n)	(o)	fände
7. (p)	gehe	(q)	ginge
8. halten	(r)	hielt	(s)
9. (t)	helfe	half	(u)
10. kommen	(v)	(w)	(x)
11. nehmen	(y)	(z)	nähme

〔2〕次の文を要求話法で表してください。

1. Denken wir an den vorigen Krieg!
   先の戦争を思い出してみましょう。

   → Man ＿＿＿＿＿＿＿＿＿＿＿＿＿＿＿.
     先の戦争を思い出してみよ。

2. Ich hoffe, dass Gott euch Kraft gibt.
   神が君たちに力を与えることを望みます。

   → Gott ＿＿＿＿＿＿＿＿＿＿＿＿＿. [mögen を使って]
     神が君たちに力を与えますように。

3. Das soll unser neues Ziel sein.
   これが私たちの新しい目標であるとしよう。

   → Das ＿＿＿＿＿＿＿＿＿＿＿＿＿. [sollen は不要]
     これが私たちの新しい目標であるとする。

〔3〕 次の文を間接話法にしてください。

1. „Ich weiß es auch nicht." 僕もそれは知らないよ。
   → Er sagt, _____.

2. „Ich wusste es auch nicht." 僕もそれは知らなかった。
   → Er sagt, _____.

3. „Welche Schuhe sollst du kaufen?"
   どの靴を買わないといけないの？
   → Sie fragt, _____.

4. „Wo waren Sie gestern?" 昨日はどこにいらしたのですか？
   → Sie fragt, _____.

5. „Haben Sie Fragen?" 質問はありますか？
   → Er hat gefragt, _____.

〔4〕 ドイツ語で書いてみましょう。

1. 彼は今日の午後、医者へ行くと言っていたよ。
（今日の午後 heute Nachmittag、医者へ行く zum Arzt gehen）
   → _____

2. あなたは以前にイタリアで勉強されていた、とおっしゃいましたよね。
（以前に vorher、勉強する studieren）
   → _____

3. 私の母はいつも、それがいちばん大切なことだと言っていた。
（いつも immer、いちばん大切なこと das Wichtigste）
   → _____

Teil Ⅴ Lektion 6 ······ 非現実話法

 ●非現実話法の法則❶：英語の仮定法と発想は同じ　

Wenn ich genug Zeit hätte, lernte ich auch Französisch.

時間が十分あったら、フランス語も勉強するのに。

Ich hätte mehr Möglichkeit, wenn ich Französisch könnte.

フランス語ができたら、可能性がもっと広がるだろうなあ。

 ●非現実話法の法則❷：「würde＋不定形」で代用　

Wenn ich genug Zeit hätte, würde ich auch Spanisch lernen.

時間が十分あったら、スペイン語も勉強するのに。

Ich würde mehr Möglichkeit haben, wenn ich Spanisch könnte.

スペイン語ができたら、可能性がもっと広がるだろうなあ。

●非現実話法の法則❶：英語の仮定法と発想は同じ ★★★

　次に、**接続法第２式**の用法を見ていきましょう。代表的なものは、なんといっても「**非現実話法**」です。この名前になじみがないかもしれませんね。でも、心配はいりません。**英語の仮定法**と発想は同じです。（フランス語の条件法とも同じです。）つまり、**事実に反することを仮定し、現実ではありえないことを想像**する言いかたです。まさに、「頭の中の世界」ですね！

　１つめの例文では、「現実には時間が十分にない」ので、その反対のことを非現実話法を使って仮定しています。したがって、「フランス語も勉強する」ということも、現実ではありえないことなのです。

　２つめの例文では、wenn から始まる仮定の部分があとに来ていますが、考えかたは同じです。現実には、「フランス語ができない」ので、「可能性がそれほどない」わけです。

　◎このように、ドイツ語の非現実話法では、仮定の部分も、結論の部分も、同じ接続法第２式を使います。

●非現実話法の法則❷：「würde＋不定形」で代用 ★★★

　実は「**非現実話法**」には、作りかたがもう１つあります。動詞を直接、接続法第２式にするのではなくて、**würde という助動詞を使う**のです。この方法だと、いちいち動詞の形を変える必要がないので、とても便利です。

　例文では、「lernte」となるべきところが「würde ... lernen」、「hätte」となるべきところが「würde ... haben」となっていますね。würde と言って、**最後に不定形を添えるだけでいい**ので、会話ではこちらのほうが多く使われています。

　◎ würde は、助動詞 werden の接続法第２式です。英語の would にあたる表現です。英語でも、仮定法は「would ＋原形」を使っていますね。

●非現実話法の法則❸：過去のことは完了形で表す ★★★

Wenn ich es gewusst hätte**, wäre ich nicht**
mitgegangen.

それを知っていたら、一緒に行かなかったのに。

Ich hätte **mich vorsichtiger verhalten** sollen.

もっと慎重に行動するべきだった。

✓ *N o t i z*──●参考 ★★

　基本的な使いかたは以上ですが、そのほかに様々な表現ができます。まさに、接続法の醍醐味、というわけですね。いくつか紹介しておきましょう。

(1) wenn 部分のみを使う
　　Wenn ich Zeit **hätte!**
　　　時間があったらなあ。

(2) wenn 部分の省略
　　<u>Ohne dich</u> **hätte** ich es nicht **geschafft**.
　　　君がいなかったら、やり遂げられなかったよ。
　　［下線を引いた部分が、**wenn 部分の代わり**になります。つまり、実際には「君がいた」わけです。］

(3) **als ob** は「まるで～であるかのように」
　　Erich nickte, **als ob** er alles **verstanden hätte**.
　　　エーリヒは、まるですべてを理解したかのように肯いた。
　　［英語の「*as if*～」にあたる表現です。**副文**になります。］

(4) **過去における未来**は「**würde**」を使う
　　Marie war nicht sicher, ob sie es **bekommen würde**.
　　　マリーはそれをもらえるかどうか、自信がなかった。
　　［**過去のある時点から見て、まだ到来していない「未来」**について**は、未来形を接続法第2式**にします。］

●非現実話法の法則❸：過去のことは完了形で表す   ★ ★ ★

［法則❶］と［法則❷］は、現在の事実に反する仮定でした。今度は、過去の事実に反する仮定を見ていきます。［接続法の法則❹］で見たように、接続法に過去形はありませんので、かわりに接続法の完了形を使います。「haben/sein ＋過去分詞」の「haben/sein」の部分が、接続法第2式になります。

例文の1つめでは、「それを知らなかった」ことが過去の事実です。だから、実際には「一緒に行った」わけです。2つめは、助動詞 sollen を使った言い回しです。「あまり慎重に行動しなかった」ことが過去の事実としてあり、それを後悔する言いかたになります。

Mini-Übungen

非現実話法の文にしてみましょう。

1. Die Ferien fangen nicht früher an. Deshalb kann ich nicht mitkommen.
   大学の休みはそれよりも早く始まりません。だから、一緒に行けません。
2. Die Zeit verging so schnell. Ich konnte nicht alles erledigen.
   時間がこんなにはやく経つとは。全部を片付けられなかったよ。

Teil V Lektion 7 ······ 婉曲話法

 ●婉曲話法の法則❶：丁寧な言いかたをするとき

Könnten Sie das bitte nochmals erklären?
それをもう一度ご説明いただけますか？

Dürfte ich mich hier setzen?
ここに腰掛けてもよろしいでしょうか？

✓ *Notiz* ──●参考

例文を直説法で書くと、次のようになります。

Können Sie das bitte nochmals erklären?
　　それをもう一度説明していただけますか？
Darf ich mich hier setzen?
　　ここに腰掛けてもよろしいですか？

 ●婉曲話法の法則❷：断定を避けるとき

Es wäre gut, dass Sie jetzt gehen.
もう行かれたほうが、よいかもしれません。

Ich hätte gern Zeit zum Lesen.
読書のための時間がほしいものだ。

●**婉曲話法の法則❶：丁寧な言いかたをするとき**

　接続法の最後は、接続法第2式による「婉曲話法」で締めましょう。一般には、「外交的接続法」とよばれているようです。まるで非現実であるかのように、**直接的な物言いを避けて、柔らかく表現する**のがこの用法です。そのため、接続法第2式を使うのです。日本語の敬語にあたります。

　例文は2つとも、直説法でも十分に通じる内容です。わざわざ接続法第2式を使うことで、言いかたを和らげているのです。

　◎英語でも、*Would you 〜? Could you 〜?* など過去形を使って、丁寧な言いかたをしますね。

●**婉曲話法の法則❷：断定を避けるとき**

　「婉曲話法」を使うとさらに、**断定を避けたあいまいな表現**ができます。日本人の得意とするところですね。

　例文の1つめは、「Es ist gut 〜」と言い切るのではなくて、「Es wäre gut 〜」と接続法第2式を使うことで、「いいかもしれない」「いいでしょう」というニュアンスを出しています。

　例文の2つめは、「Ich habe 〜」が接続法第2式になって、「Ich hätte 〜」となっています。「今は持っていないけれど、持てたらいいなあ」という、**控えめな願望**です。（Ich hätte gern 〜の形でよく使われます。）

　◎ möchte（〜がほしい、〜がしたい）も控えめな願望を表します。「できればほしいのですが」「できればしたいのですが」といったニュアンスが含まれます。

　◎ ［法則❶］も［法則❷］も、「頭の中の世界」を外に出すのに、ワンクッション置いている感じでしょうか。そのように考えると、「婉曲話法」も接続法の一部として、体感できるかもしれませんね。

あのー. 降ろしていただけますか。
Würdest du mich bitte hinunterlassen?

Mini-Übungen

婉曲的な表現にしてみましょう。

1. Soll ich Sie nachher anrufen?

   あとでお電話しましょうか?

2. Ich schlage einen Spaziergang vor.

   散歩を提案します。

Kaffeepause

ドイツ人は第2式が好き

　接続法はいかがでしたか？　面白いと感じていただけたでしょうか？　もちろん、ここで紹介したものはあくまで基本であり、原則でしかありません。実際には話す人の心情に合わせて使うので、同じ文でも、ある場面では接続法第1式だったり、またある場面では接続法第2式だったり、あるいは直説法だったりもします。それでは、どんな心情が隠れているのでしょうか？

　ドイツ人は、接続法第1式よりも第2式のほうが好きです。第1式は不定形の「-n」を取るだけで作れるので、簡単で親しみやすいように思えるのですが、実はそうではなく、ドイツ人には荘重で古めかしく感じられるのです。

　活用形を思い出してください。du schreibest, ihr schreibet というように、現在形に比べて音節が1つ増えますよね。また、三人称単数で er schreibe と終わるのも独特です。er schreibt と比べて、やはり音節が増えています。

　音節が増えると、言うのに時間がかかります。現代人の感覚にそぐわないわけです。そのため、接続法第1式は「荘重で古めかしい」ものと思われているのです。（実際、「要求話法」の文体も古めかしいですね。）

　それに対し、接続法第2式は響きが変わります。haben が hätte に、werden が würde になり、全然違うもののような気がします。この、「変わる」という感覚が、ドイツ人は好きみたいです。実際、変えなくてもいいところまで、変えてしまっています。

　◎例えば、brauchen（必要とする）は規則動詞なので、接続法第2式は過去形と同じ brauchte のはずなのですが、bräuchte という言いかたが定着してきています。

　さらに、接続法第1式で済むところを、わざわざ第2式で言ったりもします。特に間接話法で、この傾向が見られます。荘重な第1式を避け、口語的に軽く話したいという心情の表れなのでしょう。

　◎例えば、[間接話法の法則❷] の例文を、
　　　　Erich sagte, er hätte ein Thema für seine Arbeit gefunden.
　　　　　エーリヒは、論文のテーマを見つけたと言った。
　　と言ってしまうのです。

　このように、話し手としては、ドイツ人の心情はかなり第2式に傾いています。ただし、文章語としては第1式も根強く残っていますし、間接話法などの正式な言いかたが第1式であることに変わりはありません。

　◎ここに述べたことは、マインツに留学していた数年間に、著者が個人的に感じたことです。個人差はもちろんありますし、地域差も大きいことと思います。

Übungen 15

〔1〕動詞を接続法第2式に変え、意味も考えてください。

1. Wenn du kein Fieber hast, kannst du mitkommen.
　　熱がないのなら、一緒に来ていいよ。

　→ _____
　　〔　　　　　　　　　　　　　　　　　　　　　　　　　　　〕

2. Er kommt zu Ihnen, wenn er kein Geld mehr hat.
　　お金が尽きたら、彼はあなたのところへ来ます。

　→ _____
　　〔　　　　　　　　　　　　　　　　　　　　　　　　　　　〕

3. Wenn es keinen Stau gibt, kommen wir rechtzeitig an.
　　渋滞がなければ、間に合う時間に到着します。

　→ _____
　　〔　　　　　　　　　　　　　　　　　　　　　　　　　　　〕

4. Wenn es keinen Stau gab, kamen wir rechtzeitig an.
　　渋滞がなければ、間に合う時間に到着したものだった。

　→ _____
　　〔　　　　　　　　　　　　　　　　　　　　　　　　　　　〕

5. Wenn du genug geschlafen hast, bist du jetzt nicht müde.
　　十分に寝たのであれば、君はいま眠くないよね。

　→ _____
　　〔　　　　　　　　　　　　　　　　　　　　　　　　　　　〕

6. Es freut mich, wenn Sie vorbeikommen können.
　　あなたがおいでになれるのでしたらうれしいです。

　→ _____
　　〔　　　　　　　　　　　　　　　　　　　　　　　　　　　〕

7. Ich muss die Tür abschließen.

　　私はドアに鍵をかけなければならない。

　　→ _____

　　　〔　　　　　　　　　　　　　　　　　　　　　　　　〕

8. Ich musste die Tür abschließen.

　　私はドアに鍵をかけなければならなかった。

　　→ _____

　　　〔　　　　　　　　　　　　　　　　　　　　　　　　〕

〔2〕ドイツ語で書いてみましょう。

1. 大きな車を持っていたらなあ！

（車 das Auto）【主語は wir に】【wenn で始めて】

　　→ _____

2. そのパックがもう少し小さかったら、それを買うのに。

（パック die Packung、もう少し小さい kleiner、買う kaufen）

　　→ _____

3. 戦争がなかったら、祖父はまだ存命だったのに。

（戦争 der Krieg、祖父 der Großvater、まだ noch、存命である ist … am Leben）【「es gibt + 4 格」を使って】

　　→ _____

4. ここに座って待っててもらえる？

（座る sitzen、待つ warten）【können を使って】

　　→ _____

5. 一緒に仕事をしたほうがよいと思うのですが。【es を使って】

（一緒に zusammen、仕事をする arbeiten、よりよい besser）

　　→ _____

Kaffeepause

子どもの話すドイツ語

　これまで、ドイツ語のさまざまな規則を学んできました。覚えることの多さに圧倒されている人もいるかもしれません。ドイツの子どもたちは難なくドイツ語を習得していくのだろうと思うと、恨めしくもなりますね。

　ここでは、著者が身近に接した子どもたちとの思い出の中から、ドイツ語の習得に関するエピソードを紹介したいと思います。

1) 発音について

　日本の子どもたちが、子音をうまく言えずに「靴下」が「くちゅった」となったり、子音の順番を取り違えて「めがね」が「めなげ」になったりするのと同じような現象が、ドイツの子どもたちにも起こります。（以下の例は、いずれも 2 歳ごろのものです。）

・「kl」の音が難しいらしく、「d」になる
　例：geklaut（盗んだ）→ *gedaut
・語頭の子音が消える
　例：Schnee（雪）→ *Nee
・子音の順番の取り違え
　例：Luise（ルイーゼ［人名］）→*Ulise（ウリーゼ）

2) 動詞の活用形

　ドイツの子どもたちは、まず不定形から覚えるようです。1〜2 歳の小さな子が「××× trinken.」（×××は自分の名前）と言っていました。日本の子どもたちが「○○ちゃんも飲む」と言うのと同じですね。（ちなみに「r」の音が抜けて「*tinken」と聞こえました。）

　また、不規則な形は難しいらしく、4〜5 歳の子が、
　　Das habe ich auch *gedenkt.　それは僕もそう思ったよ。
と誇らしげに言っていました。直してあげようかと思って、
　　Oh, das hast du gedacht?　そう、そう思ったの？
と言ったところ、
　　Nein, *gedenkt!　ちがうよ、「思った」んだよ。
と怒られてしまいました。そのため仕方なく、
　　Ah, *gedenkt!　そう、「思った」のね。
と言ったら、満足そうに肯いていました。

3）格変化の混乱

　格変化についても、大人に直されながら習得していくようです。著者が留学していたマインツの辺りでは、人名にも定冠詞をつける習慣があったのですが、先ほど紹介した 4 〜 5 歳の子が、著者のことを指して、

　　　Also mit *dem Rika?　じゃあ、リカも一緒に？

と言っており、このときは母親がそばにいたので、

　　　Nein, mit der Rika.　違うよ、der を使うのよ。

と直していました。（「リカは女性だから、die Rika が mit der Rika になるのよ」などと説明していました！）

　また別の子は、小学校の低学年くらいでしたが、

　　　Ich gegen *du.　僕と君の対戦だ。

と言ったところ、父親に、

　　　Ich gegen dich. Oder: ich und du.　僕対君。または僕と君。

と直されていました（前置詞 gegen は 4 格支配のため）。

4）du と Sie の使い分け

　子どもは基本的に、まず du を使って育ちます。家族以外の大人に対して敬称の Sie を使い始めるのは日本でいう小学校高学年ごろからで、きちんと使えるようになるのはだいたい中学生ごろの年齢からだそうです。

　著者は一度、道で出会った 10 歳ぐらいの男の子に、

　　　Kennen Sie Kung-Fu?　カンフーできますか？

と、まとわりつかれたことがあります。できるのであれば教えてほしいと思ったらしいのですが、「やったことがないからわからない」「私は日本人だから」と何度言っても聞き入れてもらえず、その間中ずっと、その子は du と Sie をごちゃ混ぜにして話しかけてきていました。そしてどこかのタイミングで何かを悟ったらしく、

　　　Ah, bist du eine Frau?　あれ、女の人なの？

と言って、ひたすら謝り倒して去っていきました。

　この体験から、このくらいの年齢の子は du と Sie をはっきりと使い分けられないこと、初めて会った人の男女の区別がつかないことを、期せずして知ることになりました。

　※「*」がついたドイツ語は、綴りや文法が誤りであることを示しています。

読んでみよう3

　ヘルマンには、どうしてもかなえたい夢があります。いったいどんなこと
でしょうか？

> Michaela sagt, ich sei kein Löwe. Ich will aber ein Löwe
> sein! Es wäre schön, den ganzen Tag auf der Wiese zu liegen
> und dort auf eine Beute zu warten. Dann würde ich ab und
> zu Michaela anrufen. Ich möchte gerne erzählen, was ich
> gefangen habe. Ich weiß aber nicht genau, ob es auf einer
> Wiese ein Telefon gibt...

【単語】
Löwe　ライオン
Wiese　草原
Beute　獲物
ab und zu　時々
gefangen ＞ fangen　捕らえる

（日本語訳は解答ページ（p.275）へ）

260

ミニ練習問題（Mini-Übungen）の解答

序-1　アルファベット (p.5)
1. エー・ウー
2. ウー・エス・アー
3. ツェー・デー
4. デー・ファオ・デー
5. ペー・ツェー
6. ベー・エム・ヴェー

序-2　発音と読みかた (p.14)
1. フらンクらイヒ
2. シュヴェーデン
3. シュパーニエン
4. グリーヒェンラント
5. ドイチュラント

序-3　数詞 (p.21)
1. sechs<u>und</u>dreißig
2. drei<u>und</u>achtzig
3. hundert-acht<u>und</u>zwanzig
4. siebenhundert-dreizehn
5. (a) sechzehnhundert-acht<u>und</u>vierzig
   (b) eintausend-sechshundert-acht<u>und</u>vierzig

Teil I-1　現在形の活用 (p.32)
1. lernt（三人称単数）
2. gehe（一人称単数）
3. schläft（三人称単数）
4. hilfst（二人称単数）

Teil I-2　動詞の位置 (p.39)
1. a. Zu Hause macht Erich Hausaufgabe.
  b. Macht Erich Hausaufgabe zu Hause?
  c. Machen Sie Hausaufgabe zu Hause!
2. a. Heute sprichst du Französisch mit Marie.
  b. Sprichst du heute Französisch mit Marie?
  c. Sprich heute Französisch mit Marie!

Teil I-3　分離動詞 (p.45)
1. Ich hole Marie zu Hause ab.
2. Heute Abend geht Erich mit Karin aus.（Erich geht heute Abend mit Karin aus. も可）

Teil I-4　話法の助動詞 (p.49)
1. Erich will nach London reisen.
2. Wir müssen morgen um sechs Uhr aufstehen.

Teil I-5 否定文の作りかた その1 (p.52)

1. a. Karin und Erich essen morgen nicht zusammen.
   （カーリンとエーリヒは明日一緒に食事をしません。）
   b. Karin und Erich essen nicht morgen zusammen.
   （カーリンとエーリヒは、明日一緒に食事をするのではありません。）

2. a. Ich kann hier nicht Tennis spielen.
   （私はここでテニスはできません。）［＝別のことはできます］
   ［「Tennis spielen」は意味上1つのかたまりとみなすので、nicht はその間ではなく、前に来ます。］
   b. Ich kann nicht hier Tennis spielen.
   （私はここではテニスができません。）［＝別の場所ではできます］

Teil I-6 副文 (p.59)

1. Wenn ich Zeit habe, komme ich mit.
2. Erich fragt, ob Karin schwimmen kann.

Teil I-7 接続詞と語順 (p.62)

1. (Boris hat Fieber, und) er bleibt zu Hause.
2. (Boris hat Fieber, deshalb) bleibt er zu Hause.
3. (Weil) Boris Fieber hat, bleibt er zu Hause.

Teil II-2 名詞の複数形 (p.75)

①-1) die Rahmen   ①-2) die Referate   ①-3) die Felder   ①-4) die Vorlesungen
①-5) die PCs   ②-1) die Kästen   ②-2) die Pläne   ②-3) die Fächer

Teil II-3 格変化とは (p.79)

1. Karin（カーリンはお腹がすいている。）
2. sie（彼らはカーリンを招待する。）
3. ich（私はお腹がすいている。）
4. Boris（ボーリスはマリーを招待する。）または Marie（ボーリスをマリーは招待する。）［文脈や、読むときのアクセントによって違ってきます。］

Teil II-5 定冠詞 (p.92)

1. 4格（ボーリスは車を停める。）
2. 1格、3格（その車はボーリスの父親のものだ。）
3. 1格、2格（その車の色は緑色だ。）
4. 1格、4格（父親はその色を美しいと思う。）

Teil Ⅱ-6　不定冠詞 (p.97)

1. 1格、4格（学者というものは、専門分野を持っている。）
2. 1格、4格（1つの専門分野には、多数の専門書が含まれる。）
   ［前置詞 von のあとは3格になるため、Fachbüchern というように、複数3格の「n」がついています。］
3. 1格、2格、3格（ある専門分野の文献リストは、研究者にとって、とても重要なものだ。）

Teil Ⅱ-7　否定文の作りかた　その2 (p.99)

1. Ich brauche keine Kopie.（コピーはいりません。）
2. Erich hat keinen Hunger.（エーリヒはお腹がすいていない。）
3. Geben Sie keinem Teilnehmer das Buch!（どの参加者にも、この本を渡さないでください。）

Teil Ⅱ-8　所有冠詞 (p.101)

1. meine（女性1格）、meinen（男性4格）
2. seinen（複数3格）
3. ihrer（女性2格）

Teil Ⅱ-9　前置詞の格支配 (p.109)

1. die（4格）　　2. der（3格）　　3. den（4格）　　4. dem（3格）

Teil Ⅱ-10　人称代名詞 (p.113)

1. (a) ihn　 (b) ihm　 (c) es　 (d) ihm ［ただし、この設問のように「物」を指す代名詞が前置詞と結びつく場合は、融合形「daraus」を使うのが一般的です。］
2. (a) mich または uns　　(b) dich または euch　　(c) mir または uns

Teil Ⅱ-11　再帰代名詞 (p.115)

1. mir　　　2. sich

Teil Ⅲ-1　再帰動詞 (p.127)

1. mich　　　2. sich　　　3. sich, sich

Teil Ⅲ-2　過去形 (p.133)

1. Am Sonntag fuhr ich nach Köln.
2. Heute tanzten Erich und Marie zusammen.

Teil Ⅲ-3　過去分詞 (p.140)

1. getanzt　　　2. ausgeübt　　　3. erduldet　　　4. probiert

Teil Ⅲ-4　現在完了形 (p.146)

1. Boris hat das Thema seiner Arbeit geändert.
2. Am Wochenende sind wir zu Hause geblieben.

Teil Ⅲ-5　過去完了形 (p.149)

1. Erich hatte das Referat gehalten.
2. Die Studenten waren nach draußen gegangen.

Teil Ⅲ-6　受動態 (p.159)

1. Der Anmeldetermin wurde von den Studenten eingehalten.
2. Die Sprachkenntnisse werden durch die Zwischenprüfung geprüft.
3. Dem Prüfer wird von der Fachschaft geholfen.

Teil Ⅲ-7　未来形 (p.163)

1. Die Klausur wird am Semesterende stattfinden.（筆記試験が学期末に行われるだろう。）
2. Die Klausur wird bestimmt schwer sein.（筆記試験はきっと難しいだろう。）
3. Ich werde von heute an fleißig lernen.（今日からちゃんと勉強しよう。）

Teil Ⅳ-1　形容詞の用法 (p.169)

1. unmöglich ○、schwer □　（これは考えられないほど難しい。）
2. schwer ○、verständliche □　（これはわかりにくい課ではありませんか？）

Teil Ⅳ-2　形容詞の格変化 (p.175)

1. großer（［表1］女性3格）、gute（［表2］女性4格）
2. gemütliches（［表3］中性4格）、kleinen（［表3］中性3格）

Teil Ⅳ-3　形容詞の名詞化 (p.183)

1. Unbekannte、Verwandte　　2. Deutschen

Teil Ⅳ-4　比較級と最上級 (p.193)

1.（1）kürzere　　（2）praktischer　　（3）längere
2.（1）neuesten　　（2）schnellsten

Teil Ⅳ-5　関係代名詞 (p.203)

1. die（女性4格）
2. der（男性1格）、was（1格［etwas が先行詞］）
3. denen（複数3格）

Teil IV-6　指示代名詞 (p.210)

1. Den（男性 4 格）　　2. dem（中性 3 格）［Gesicht を受けています。］

Teil V-1　zu 不定詞 (p.219)

1. 私たちは、すべてを暗記して覚える能力がありません。(b)
2. そのため、最も重要なことを見分けることが必要です。(a)
3. 基礎を理解することも大事です。(c)

Teil V-2　現在分詞 (p.224)

1. wachsendem　　2. treffend　　3. (a) betrachtenden　(b) überzeugend

Teil V-3　接続法の作りかた (p.232)

1. lese / läse
2. stehe / stände［ふつうは stünde という不規則な形を使います。］
3. hören / hörten

Teil V-4　要求話法 (p.237)

1. Der Prüfer **lese** das Folgende laut vor.
　（試験官は、下記を声に出して読むこと。）
2. Der Prüfling **sei** auf eine mündliche Prüfung vorbereitet.
　（受験生は、口頭試験に対する準備ができていること。）
3. Die Prüfung **setze** sich aus zwei Teilen zusammen.
　（試験は 2 つの部分から構成されるものとする。）

Teil V-5　間接話法 (p.244)

1. In der Zeitung steht, ein Physiker **bekomme** einen Nobelpreis, weil er ein neues Element **entdeckt habe.**
2. Karin fragt mich, ob ich Interesse an der Physik **hätte.**

Teil V-6　非現実話法 (p.251)

1. Wenn die Ferien früher **anfingen**（または **anfangen würden**）, **könnte** ich mitkommen.
　（大学の休みがもっと早く始まれば、一緒に行けるのに。）
2. Wenn die Zeit nicht so schnell **vergangen wäre**, **hätte** ich alles erledigen **können.**
　（時間がこんなにはやく経たなければ、全部を片付けられたのに。）

1. **Sollte** ich Sie nachher anrufen?

（あとでお電話したほうがよろしいでしょうか？）

2. Ich **würde** einen Spaziergang **vorschlagen**.

（散歩を提案しようと思うのですが。）

練習問題 (Übungen) の解答

Übungen 1 (p.40)

〔1〕

1. (1) Du bist groß. (2) Er ist groß. (3) Sie sind groß.
2. (1) Ich habe Hunger. (2) Marie hat Hunger. (3) Ihr habt Hunger.
3. (1) Gehst du schon? (2) Geht er schon? (3) Gehen wir schon?
4. (1) Arbeitest du hier? (2) Arbeitet Erich hier? (3) Arbeitet ihr hier?
5. (1) Wie heißt du? (2) Wie heißt ihr? (3) Wie heißt sie?
6. (1) Wo schlafe ich? (2) Wo schläfst du? (3) Wo schläft er?
7. (1) Hilf! (2) Helft! (3) Helfen wir!

〔2〕

1. Morgen <u>fahre ich</u> nach Berlin.
2. Heute <u>ist er</u> zu Hause.
3. Wann <u>fährst du</u> nach Paris?
4. <u>Wer spricht</u> Französisch?
5. <u>Trink</u> Wein, Erich!
6. Essen <u>Sie</u> bitte hier!

Übungen 2 (p.54)

〔1〕

1. (1) Heute fahren sie ab. (2) Fahren sie heute ab?
   (3) Wann fahren sie ab? (4) Fahren Sie heute ab!
2. (1) Du kommst nach Hause zurück. (2) Kommst du nach Hause zurück?
   (3) Wann kommst du nach Hause zurück?
   (4) Kommt nach Hause zurück!
3. (1) Gleich fangen wir an. (2) Wir können gleich anfangen.
   (3) Können wir gleich anfangen? (4) Fangen Sie gleich an!
4. (1) Das verstehe ich nicht. (2) Das kann ich nicht verstehen.
   (3) Das kannst du nicht verstehen. (4) Das musst du nicht verstehen.

〔2〕

1. （Nein,）ich schwimme nicht.

2. （Nein,）wir singen heute nicht.

3. （Nein,）er ist nicht krank.

4. （Nein,）sie spricht nicht Deutsch.

5. （Nein,）ich komme nicht zurück.

6. （Nein,）wir können heute nicht ausgehen.

※「sein 動詞 + 形容詞」の場合は<u>形容詞の前</u>（3.）、目的語が名詞の場合は<u>目的語の前</u>（4.）に nicht を置くのが一般的です。

※ ワク構造をとる文は、<u>文末の直前</u>に nicht を置きます（5. 6.）。

Übungen 3 (p.64)

〔1〕

1. (1) Weil sie heute abfahren (2) dass sie heute abfahren
   (3) ob sie heute abfahren (4) wann sie abfahren

2. (1) Wenn du Auto fahren kannst (2) dass du Auto fahren kannst
   (3) ob du Auto fahren kannst (4) wer Auto fahren kann

〔2〕

1. (1) aber (2) trotzdem (3) Obwohl

2. (1) denn (2) weil (3) deshalb

〔3〕

1. Er kann nicht laufen, weil er Schmerzen hat.
   （または Weil er Schmerzen hat, kann er nicht laufen.）

2. Ich weiß nicht, warum ich nicht gut schlafen kann.

3. Sagen Sie, wo Sie wohnen!

Übungen 4 (p.94)

〔1〕

1. Die Lehrer stehen dort.

2. Die Züge fahren nicht mehr.

3. Gleich kommen die Kinder.

4. Sind die Karten noch gültig?

5. Leider gehen die Radios nicht an.

※ 複数形にした名詞はすべて主語なので、動詞は三人称複数の活用形になります。

[2]
1. den Hund   2. die Zeitung   3. das Bild   4. die Bücher

[3]
1. dem Hund   2. der Lehrerin   3. dem Kind   4. den Anweisungen

[4]
1. des Arztes   2. der Rose   3. des Autos   4. der Ferien

[5]
1. Ich zeige dem Mann das Zimmer.
2. Was schenken wir den Kindern?

Übungen 5 (p.102)

[1]
1. ein Bus   2. Eine Tüte   3. ein Beispiel

[2]
1. einen Film   2. eine Schwester   3. ein Haus

[3]
1. (Nein,) das ist kein Fisch.
2. (Nein,) ich habe keine Uhr.
3. (Nein,) ich habe kein Geld dabei.
4. (Nein,) sie sind keine Studenten.

[4]
1. unser Bus   2. Meine Uhr   3. dein Zimmer   4. Ihre Eltern

[5]
1. ihren Freund   2. seine Idee   3. euer Auto   4. ihre Kinder

[6]
1. Mein Sohn hat schon eine Freundin.
2. Seine Mutter hat heute kein Fieber.

Übungen 6 (p.120)

[1]
1. Auf dem Gang   2. in der Zeitung   3. mit dem Ergebnis

4. von meinen Kindern   5. auf unseren Lehrer   6. Durch eine Reise
7. für ein Essen   8. Wegen des Regens   9. während der Ferien

〔2〕
1. Er ruft sie oft an.   2. Hilfst du ihm heute?
3. Ja, ich mag sie sehr.   4. Sie hat eine Frage an ihn.
5. Abends bin ich bei ihr.

〔3〕
1. Aus dem Haus kommt jemand.
   （または Jemand kommt aus dem Haus.）
2. Ohne seine Brille sieht er nichts.
   （または Er sieht nichts ohne seine Brille.）

Übungen 7 (p.134)
〔1〕
1. (1) Du freust dich auf die Reise.   (2) Er freut sich auf die Reise.
   (3) Wir freuen uns auf die Reise.
2. (1) Ich merke mir das Datum.   (2) Wir merken uns das Datum.
   (3) Sie merken sich das Datum.

〔2〕
1. (1) Beeilen sie sich?   (2) Beeilen Sie sich!   (3) Warum beeilen sie sich?
   (4) dass sie sich beeilen
2. (1) Warum kann sie sich nicht konzentrieren?
   (2) Heute kann sie sich nicht konzentrieren.
   (3) Weil sie sich nicht konzentrieren kann.
   (4) Ich kann mich nicht konzentrieren.

〔3〕
1. (1) Du warst sehr zufrieden.   (2) Wir waren sehr zufrieden.
   (3) Sie waren sehr zufrieden.
2. (1) Ich hatte Hunger.   (2) Er hatte Hunger.   (3) Du hattest Hunger.
3. (1) Wir nahmen den Zug.   (2) Ich nahm den Zug.
   (3) Sie nahmen den Zug.

〔4〕
1. Ich interessiere mich für Ihre Anzeige.
2. Gestern gingen wir in eine Kneipe.

（または Wir gingen gestern in eine Kneipe.）

（※ in die Kneipe も可）

3. Er freute sich, als er mich sah.

（または Als er mich sah, freute er sich.）

Übungen 8 (p.152)

〔1〕

1. (1) gesetzt　(2) fortgesetzt　(3) versetzt

2. (1) ausgegangen　(2) vergangen

〔2〕

1. (1) Er hat seine Brille gefunden.　(2) Hat er seine Brille gefunden?

　　(3) Wo hat er seine Brille gefunden?

2. (1) Was hast du gemacht?　(2) Was hast du in den Ferien gemacht?

　　(3) Was haben Sie in den Ferien gemacht?

3. (1) Er hat sich auf den Stuhl gesetzt.

　　(2) Hat er sich auf den Stuhl gesetzt?

　　(3) Hast du dich auf den Stuhl gesetzt?

4. (1) Ich bin ausgegangen.

　　(2) Ich bin gestern ausgegangen.（または Gestern bin ich ausgegangen.）

　　(3) Sind Sie gestern ausgegangen?

〔3〕

1. war der Zug schon abgefahren　2. wir genug gegessen hatten

〔4〕

1. Mit wem hast du gesprochen?

2. Am Wochenende ist sie nach München gefahren.

　　（または Sie ist am Wochenende nach München gefahren.）

Übungen 9 (p.164)

〔1〕

1. (1) Ich werde eingeladen.　(2) Du wirst eingeladen.

　　(3) Er wird eingeladen.

2. (1) Du wirst ihr helfen.　(2) Er wird ihr helfen.

　　(3) Wir werden ihr helfen.

〔2〕

1. (1) Ich werde auf der Straße angehalten.

(2) Ich wurde auf der Straße angehalten.

(3) Ich bin auf der Straße angehalten worden.

2. (1) Du wirst aufgeweckt.

(2) Du wirst morgen früh aufgeweckt. (または Morgen früh wirst du aufgeweckt.)

(3) Wirst du morgen früh aufgeweckt?

3. (1) Sie werden von meinem Vater angerufen.

(2) Sie sind von meinem Vater angerufen worden.

(3) Sie von meinem Vater angerufen worden sind

〔3〕

1. B「学生たちは彼を迎えに行くだろう。」

2. A「学生たちは彼に出迎えられる。」

3. C「その子は重くなった。」

4. A「その子は（抱っこするなどして）運ばれた。」

5. A「ここでは米が食される。」

6. B「彼はご飯を食べるだろう。」

※ 文末が過去分詞であれば受動態、不定形であれば未来形です。

※ 現在完了形にしたとき、werden の過去分詞は geworden ですが、受動態のときのみ worden となります。

〔4〕

1. Die Geschichte wird immer wieder erzählt.

2. Das Spiel wurde schon millionenfach heruntergeladen.

(または Das Spiel ist schon millionenfach heruntergeladen worden.)

3. Wann wirst du denn dein Zimmer aufräumen?

Übungen 10 (p.178)

〔1〕

1. junger 2. schöne 3. rotes 4. kleine 5. großen 6. kleine

7. schönes 8. grüne

※ 1. ～4. は1格、5. ～8. は4格です。

〔2〕

1. (1) in naher Zukunft (2) für nahe Zukunft (3) während naher Zukunft

2. (1) mit seinem alten Freund (2) für seinen alten Freund

(3) wegen seines alten Freundes

3. (1) in dem großen Haus (2) für das große Haus

(3) trotz des großen Hauses

4. (1) mit vielen Menschen　(2) für viele Menschen
   (3) wegen vieler Menschen
   ※ それぞれ (1) は 3 格支配、(2) は 4 格支配、(3) は 2 格支配です。

〔3〕
1. Das wird ein langer Tag.
2. Wir haben kein eigenes Haus.
3. Bringen Sie mir (bitte) heißes Wasser!
4. Ich habe Schmerzen in meinem linken Bein.
5. Warum stehen die leeren Gläser hier?

Übungen 11 (p.194)
〔1〕
1. (1) deutschen（不定冠詞、男性 4 格）　(2) Deutschen（不定冠詞、男性 4 格）
   (3) Deutschen（定冠詞、複数 1 格）　(4) deutsche（無冠詞、複数 4 格）
2. (1) kranke（定冠詞、男性 1 格）　(2) Kranke（定冠詞、男性 1 格）
   (3) kranke（無冠詞、複数 4 格）　(4) Kranken（定冠詞、女性 3 格）

〔2〕
1. Er ist jünger.　2. Es ist wärmer.　3. Sie spricht lauter.
4. Sie laufen langsamer.

〔3〕
1. Ich möchte einen größeren Schirm.　2. Brauchen Sie eine längere Pause?
3. Das ist unser jüngster Sohn.　4. Das schmeckt am besten.

〔4〕
1. Er fühlt sich stärker als vorhin.
2. Ich habe es in einer einfacheren Version gelesen.（in der … も可）
3. Die Schmerzen waren heute Morgen am stärksten.
（※ 同じものの時間的変化を述べているので、die stärksten は不可）

Übungen 12 (p.204)
〔1〕
1. (1) der　(2) die　(3) das　(4) die
2. (1) den　(2) das　(3) die　(4) die
3. (1) dem　(2) dem　(3) der　(4) denen
※ helfen は目的語が 3 格になります。

〔2〕
1. Ich lese gerade ein Buch, *das* in der Vorlesung empfohlen wurde.〔中性1格〕
2. Der Zug, *den* wir gestern genommen haben, fährt heute nicht.〔男性4格〕
3. Die Frage, *die* sie gestellt hat, finde ich komisch.〔女性4格〕
4. Das ist das Buch, von *dem* ich Ihnen erzählt habe.〔中性3格〕
5. Es gibt viele Nächte, in *denen* man nicht schlafen kann.〔複数3格〕

〔3〕
1. Ich habe einen Bruder, der in einer deutschen Firma arbeitet.〔in の代わりに bei も可／für eine deutsche Firma も可〕
2. Kennen Sie einen Laden, in dem man deutsche Würste kaufen kann?〔in dem の代わりに wo も可〕
3. Du kannst nicht alles haben, was du willst.

Übungen 13 (p.226)
〔1〕
1. ein Sommerhaus zu haben 2. vor Mitternacht ins Bett zu gehen
3. so viele Wörter abzuschreiben 4. jetzt mit der Arbeit anzufangen
5. zu viel gegessen zu haben 6. so weit gelaufen zu sein
7. mit unseren Freunden zu essen

〔2〕
1. Nach einer Möglichkeit suchend 2. mich unterstützende
3. Spät zu Hause angekommen 4. vor hundert Jahren gegründete

〔3〕
1. Ich habe mehrmals versucht, ihn zu erreichen.〔過去形も可（Ich versuchte mehrmals, ...）〕
2. Sie macht den Fernseher an, um die Nachrichten zu sehen.

Übungen 14 (p.246)
〔1〕
(a) lerne (b) lerntest (c) lernte (d) machen (e) machte (f) machte
(g) spielen (h) spiele (i) spielte (j) bleibe (k) bliebe (l) fahren
(m) führe (n) finde (o) fand (p) gehen (q) ging (r) halte (s) hielte
(t) helfen (u) hälfe (v) komme (w) kam (x) käme (y) nehme
(z) nahm

〔2〕

1. denke an den vorigen Krieg
2. möge euch Kraft geben
3. sei unser neues Ziel

〔3〕

1. er wisse es auch nicht／dass er es auch nicht wisse
2. er habe es auch nicht gewusst／dass er es auch nicht gewusst habe
3. welche Schuhe ich kaufen solle
4. wo ich gestern gewesen sei／wo wir gestern gewesen seien
5. ob ich Fragen hätte／ob wir Fragen hätten

〔4〕

1. Er hat gesagt, er gehe heute Nachmittag zum Arzt.
   （Er sagte も可。dass er … gehe も可。）
2. Sie haben gesagt, Sie hätten vorher in Italien studiert.
   （Sie sagten も可。dass Sie … hätten も可。）
3. Meine Mutter sagte immer, das sei das Wichtigste.
   （hat immer gesagt も可。dass das … sei も可。）

Übungen 15 (p.256)

〔1〕

1. Wenn du kein Fieber hättest, könntest du mitkommen.
   もし熱がなかったら、君も一緒に来られたのに。（＝実際は熱があるので、君は一緒に来られない。）
2. Er würde zu Ihnen kommen, wenn er kein Geld mehr hätte.（Er käme zu Ihnen も可。）
   お金が尽きていれば、彼はあなたのところへ来るのに。（＝実際はお金が尽きていないので、彼はあなたのところへ来ない。）
3. Wenn es keinen Stau gäbe, kämen wir rechtzeitig an.（Wenn es … geben würde も可。würden wir … ankommen も可。）
   もし渋滞がなかったら、間に合う時間に到着するのに。（＝実際は渋滞があるので、間に合う時間に到着しない。）
4. Wenn es keinen Stau gegeben hätte, wären wir rechtzeitig angekommen.
   もし渋滞がなかったら、間に合う時間に到着したのに。（＝実際は渋滞があったので、間に合う時間に到着しなかった。）
5. Wenn du genug geschlafen hättest, wärest du jetzt nicht müde.
   もし十分に寝ていたら、君はいま眠くないのに。（＝実際は十分に寝ていないので、君はいま眠い。）

6. Es würde mich freuen, wenn Sie vorbeikommen könnten.
   あなたがおいでになれるのでしたらうれしいのですが。[婉曲話法]
7. Ich müsste die Tür abschließen.
   私はドアに鍵をかけなければならないだろう。[婉曲話法]
8. Ich hätte die Tür abschließen müssen.
   私はドアに鍵をかけなければならなかったのに。(＝実際は鍵をかけなかった。)

〔2〕
1. Wenn wir ein großes Auto hätten!
2. Wenn die Packung kleiner wäre, würde ich sie kaufen.
   (kaufte ich sie も可)
3. Wenn es keinen Krieg gegeben hätte, wäre mein Großvater noch am Leben.
4. Könntest du hier sitzen und warten?
5. Es wäre besser, wenn wir zusammen arbeiten würden.
   (arbeiteten も可。)

読んでみようの日本語訳

読んでみよう１ (p.66)
＜招待状＞
　あした、ぼくは誕生日です。どうぞうちに来てください！ ケーキと果物を食べましょう。いっしょに紅茶を飲みましょう。何か歌ってくれる？ 来てくれたらとってもうれしいし、来てくれると信じているよ。ああ、もう待てないや！
・いつ？…あした
・どこで？…うちで
　　　　　　　　　　　　　　　　　　　　　　　　　　　ヘルマン

読んでみよう２ (p.166)
　ヘルマンが、夢の中で見たことを語ります。
「ぼくは森に入っていったんだ。そこで花や蜜蜂を見たよ。のどが渇いていたから、泉のほうに走っていったんだ。そこには女の子が座っていてね。それがミヒャエーラだと、ぼくにはわかった。どうして泣いているの、と女の子に尋ねたんだ。そうしたらだれかがドアをノックして。―なんでドアが？…と思ったら、その瞬間に目が覚めたんだ。」

読んでみよう３ (p.260)
　ミヒャエーラは、ぼくはライオンじゃないって言うんだ。でもぼくはライオンになりたいんだ！ 一日中、草原に寝転んで、そこで獲物を待ち受けるなんて、すてきだろうなあ。それから時々、ミヒャエーラに電話をするんだ。何をつかまえ

たのかをぜひ話したいと思って。でも草原に電話があるのかどうか、ちょっとよくわからないや…。

［接続法第 1 式］sei

［接続法第 2 式］wäre, würde … anrufen, möchte

> **不定形の見つけかた●**ここでは、動詞の不定形をどのようにして見つけ
> るか、ということを見ていきます。動詞の不定形は、辞書に載っている
> 形です。これがわからないと、辞書で意味を調べようがありません。辞
> 書の特徴をよく知って、友だちになりましょう！

（1） 現在形

❶規則動詞の場合

　［現在形の法則❷：不定形の en を取って語尾をつける］を思い
出してください。辞書で不定形を見つけるには、この逆のことをし
ます。つまり、**語尾を取って「en」をつける**のです。例を見てみ
ましょう。難しくはありませんね。

　Erich <u>sucht</u> eine Stelle.（エーリヒは勤め口をさがしている。）

　→「such」→「suchen」さがす

❷不規則動詞の場合

　不規則な変化をする動詞でも、さしあたって❶と同じことをして
みてください。

　Karin <u>hilft</u> Erich.（カーリンはエーリヒを手伝う。）

　→「hilf」→「hilfen」…？？？

とりあえず不定形を作ってみると、「hilfen」という動詞は辞書
にはありません。このようなときは、**「hilft」の形のまま調べてみ**
ます。

　「hilft」＜「helfen」手伝う、助ける

❸分離動詞の場合

　分離動詞は、**前綴りが文末にありますので、それを前にくっつけ**
て辞書を引きます。（前綴りは、文中にあることもあります。）

Karin ruft Erich an. (カーリンはエーリヒに電話をかける。)
→「an」+「ruf」→「anrufen」電話をかける

(2) 過去形

❶規則動詞の場合

現在形のときと同じように、今度は［過去形の法則❶：語幹に「-te」をつける］と［過去形の法則❷：過去基本形に活用語尾がつく］の逆をします。つまり、活用語尾と「-te」を取るわけですね。そして最後に、不定形の「en」をつけます。具体的には、次のようになります。

Erich und Karin besuchten ein Institut.
（エーリヒとカーリンは研究所を訪ねた。）
→「besuch」→「besuchen」訪ねる

❷不規則動詞の場合

過去形が不規則の場合は、過去基本形がそのまま辞書に載っています。ですから、活用語尾を取るだけで、辞書で調べられます。

◎「-te」がないので、すぐには過去形だと気付かないかもしれませんね。特に、「-en」で終わっている人称では、不定形に見えてしまいます。そのような場合は、「-en」を取ってみましょう。辞書にきっと出ているはずです。

Sie sprachen mit dem Leiter des Instituts.
（彼らは研究所の所長と話をした。）
→「sprachen」…？？？
→「sprach」＜「sprechen」話す

（3）過去分詞

❶規則動詞の場合

　過去分詞から不定形を見つけるには、やはり〔過去分詞の法則❶：語幹を「ge＿＿t」で挟む〕の逆のことをします。つまり、「ge＿＿t」を取って、「en」をつけることになります。

　　gemacht → 「mach」 → 「machen」する

❷不規則動詞の場合

　過去分詞が不規則の場合には、辞書にそのまま載っています。これもうれしいですね！

　　gesehen ＜「sehen」見る

❸非分離動詞で不規則の場合

　これがいちばん厄介です。そのまま載っているとは限らないからです。載っていないときは、

　　1. 前綴りを取って「ge」で置きかえる
　　2. 辞書で不定形を調べる
　　3. 前綴りを元に戻す

の3段階で調べてみましょう。

　　beschrieben → 1.「geschrieben」＜ 2.「schreiben」
　　→ 3.「beschreiben」記述する

・例文などに出てきた単語をほぼ網羅してあります。（重要単語を網羅してあるわけではありません。）
・複合語は、分けて掲載してあることがあります。
・最も代表的な意味しか載せてありません。
・詳しい意味や用法は、辞書で確かめてください。
・★印は、最も基本的な単語です。

A

★ ab【前置詞】［3 格と］〜から

★ Abend【男性名詞】晩

abends【副詞】晩に

★ aber【接続詞】しかし

abfahren【分離動詞】出発する、発車する

abgeben【分離動詞】提出する

abholen【分離動詞】取って来る、迎えに行く

ablegen【分離動詞】取り去る、行う

Abreise【女性名詞】旅立ち

abschließen【分離動詞】鍵をかけて閉める

Abschluss【男性名詞】終了、締結

abschreiben【分離動詞】書き写す

Adresse【女性名詞】住所

Ägypten【固有名詞】エジプト

ähnlich【形容詞】似ている

★ aller【定冠詞類】すべての（＝all）

★ alles【不定代名詞】すべてのこと、すべてのもの

allgemein【形容詞】一般の

★ als【接続詞】〜したとき（＝when）、〜よりも（＝than）、〜として（＝as）

als ob【接続詞】まるで〜かのように（＝ as if）

★ alt【形容詞】古い、年をとった

★ an【前置詞】［3 格と］〜のきわに、［4 格と］〜のきわへ

ander【不定代名詞】別の、他の

ändern【動詞】変える

anfangen【分離動詞】始める、始まる

angehen【分離動詞】スイッチが入る

anhalten【分離動詞】停止させる

ankommen【分離動詞】到着する

ankündigen【分離動詞】告知する

anmachen【分離動詞】スイッチを入れる

Anmeldetermin【男性名詞】申込み期限

annehmen【分離動詞】受け取る、仮定する

anrufen【分離動詞】電話をかける

Anweisung【女性名詞】指示

Anwesenheit【女性名詞】出席

Anzeige【女性名詞】通知、広告

Apfel【男性名詞】りんご

Appetit【男性名詞】食欲

Arbeit【女性名詞】仕事、論文

arbeiten【動詞】働く、勉強する

Arzt【男性名詞】医者

Aspekt【男性名詞】観点

★ auch【副詞】〜も（＝too, also）

★ auf【前置詞】［3 格と］〜の上に、［4 格と］〜の上へ

Aufgabe【女性名詞】課題

aufmachen【分離動詞】開ける

Aufmerksamkeit【女性名詞】注意

aufnehmen【分離動詞】受け入れる

aufräumen【分離動詞】片付ける

aufregen【分離動詞】興奮させる

Aufsatz【男性名詞】論文

aufstehen【分離動詞】起きる、立ち上がる

aufwecken【分離動詞】（眠りから）起こす

Auge【中性名詞】目

★ aus【前置詞】［3 格と］〜から

ausgehen【分離動詞】出かける、出発する

ausüben【分離動詞】行う、執行する
auswendig【副詞】暗記して
★ Auto【中性名詞】自動車

B

Bach【男性名詞】小川
Bad【中性名詞】浴室、海水浴場
Bahnhof【男性名詞】駅
beachten【非分離動詞】注意を払う
beeilen【非分離動詞】急がせる、［再帰］急ぐ
beenden【非分離動詞】終わらせる
Beginn【男性名詞】始まり
beginnen【非分離動詞】始める、始まる
behaupten【非分離動詞】主張する
★ bei【前置詞】［3格と］〜のそばに、〜の際に
Bein【中性名詞】足（脚）
Beispiel【中性名詞】例
bekommen【非分離動詞】もらう
benutzen【非分離動詞】利用する、使用する
bereit【形容詞】準備のできた
beschäftigen【非分離動詞】従事させる、［再帰］従事する
beschreiben【非分離動詞】記述する
Besitzer【男性名詞】所有者
besonder【形容詞】特別な
bestehen【非分離動詞】存在する、構成される、主張する、合格する
bestimmt【形容詞】ある種の、決まった、【副詞】きっと
besuchen【非分離動詞】訪ねる
betrachten【非分離動詞】考察する
Bett【中性名詞】ベッド
Beute【女性名詞】獲物
Biene【女性名詞】蜜蜂
Bier【中性名詞】ビール
Bild【中性名詞】絵、写真
★ bis【前置詞】［4格と］〜まで
★ bitte【間投詞】どうぞ、どういたしまして、えっ何と言いましたか?
Blatt【中性名詞】葉、紙

★ bleiben【動詞】とどまる、〜のままである
Bleistift【男性名詞】鉛筆
blond【形容詞】ブロンドの
Blume【女性名詞】花
★ brauchen【動詞】必要とする (= need)
brav【形容詞】行儀のよい
brennen【動詞】燃える
Brett【中性名詞】板
Brille【女性名詞】めがね
bringen【動詞】持って行く、持って来る
★ Brot【中性名詞】パン
★ Bruder【男性名詞】兄、弟
Brunnen【男性名詞】泉、噴水
★ Buch【中性名詞】本
Bühne【女性名詞】舞台
Büro【中性名詞】事務所
★ Bus【男性名詞】バス

C

Computer【男性名詞】コンピュータ

D

★ da【副詞】そこで、そのとき、そこにある、【接続詞】〜だから
dabei【副詞】その際に、その場に
daher【副詞】それゆえに
damals【副詞】当時
damit【副詞】それとともに
Däne【男性名詞】デンマーク人
danken【動詞】感謝する
★ dann【副詞】それから (= then)
daraus【副詞】そこから
darstellen【分離動詞】描写する
darum【副詞】そのために
★ dass【接続詞】〜ということ (= that)
Datum【中性名詞】日付
dazu【副詞】そのために、そのうえ
Decke【女性名詞】覆い、天井
Dekan【男性名詞】学部長
★ denken【動詞】考える、思う
★ denn【接続詞】というのは (= for)、【副詞】いったい

deshalb【副詞】それゆえに
Deutsch【中性名詞】ドイツ語
deutsch【形容詞】ドイツの
Deutsche【形容詞の名詞化】ドイツ人
Deutschland【固有名詞】ドイツ
dienen【動詞】役に立つ、仕える
dieser【指示代名詞】この
★ dort【副詞】そこに
★ draußen【副詞】外で
★ durch【前置詞】[4格と]〜を通って、
　〜によって
durchsetzen【分離動詞】押し通す
★ dürfen【話法の助動詞】〜してもよい
　(＝ *may*)、[否定]〜してはいけない(＝
　must not)
Durst【男性名詞】のどの渇き
duschen【動詞】シャワーを浴びる

E

ehest【形容詞】最も早く[bald の最上級]
eigen【形容詞】自分の
einbilden【分離動詞】[再帰]思い込む
einfach【形容詞】簡単な
Einfall【男性名詞】着想、思いつき
Einfluss【男性名詞】影響
einhalten【分離動詞】守る
einkaufen【分離動詞】買物をする
einladen【分離動詞】招待する、おごる
Einladung【女性名詞】招待、招待状
Einleitung【女性名詞】導入
einmal【副詞】一度、かつて、いつか
einst【副詞】かつて
eintrittfrei【形容詞】入場無料の
Eintrittskarte【女性名詞】入場券
Eis【中性名詞】氷、アイスクリーム
Element【中性名詞】要素
★ Eltern【複数名詞】両親
Empfänger【男性名詞】受取人
empfehlen【非分離動詞】推薦する
Ende【中性名詞】終わり
Englisch【中性名詞】英語
entdecken【非分離動詞】発見する
entlang【前置詞】[3格と；後置の場合

は4格と]〜に沿って
entwickeln【非分離動詞】発展させる、[再
　帰]発展する
erdulden【非分離動詞】耐え忍ぶ
erfinden【非分離動詞】発明する
Erfolg【男性名詞】成功
Ergebnis【中性名詞】結果
erhalten【非分離動詞】手に入れる
erkennen【非分離動詞】認識する
erklären【非分離動詞】説明する
Erlaubnis【女性名詞】許可
erledigen【非分離動詞】処理する
erreichen【非分離動詞】到達する
erschrecken【非分離動詞】驚かせる
erwähnen【非分離動詞】言及する
erzählen【非分離動詞】物語る
★ essen【動詞】食べる
Essen【中性名詞】食事
Etui【中性名詞】容器、ケース
★ etwas【不定代名詞】何か (＝ *some-
　thing*)、いくらか
Europa【固有名詞】ヨーロッパ

F

Fach【中性名詞】ロッカー、分野、科目
Fachgebiet【中性名詞】専門分野
Fachschaft【女性名詞】学生組織
fähig【形容詞】能力がある
★ fahren【動詞】(乗り物で) 行く、(乗
　り物に) 乗る
fangen【動詞】捕らえる
Farbe【女性名詞】色
faszinieren【動詞】魅了する
fehlen【動詞】欠けている
fehlschlagen【分離動詞】失敗する
Feld【中性名詞】野、畑、分野
Fenster【中性名詞】窓
Ferien【複数名詞】(学校の) 長期休暇
Fernseher【男性名詞】テレビ
Fieber【中性名詞】熱
Film【男性名詞】フィルム、映画
★ finden【動詞】見つける
Firma【女性名詞】会社、企業

Fisch【男性名詞】魚
fleißig【形容詞】勤勉な
Fluss【男性名詞】河、川
Folge【女性名詞】順番、結果
folgen【動詞】従う、続く
Formel【女性名詞】公式、決まり文句
Forscher【男性名詞】研究者
Forschung【女性名詞】研究
fortsetzen【分離動詞】続ける
Frage【女性名詞】質問、疑問
★ fragen【動詞】質問する
Frankreich【固有名詞】フランス
Französisch【中性名詞】フランス語
★ Frau【女性名詞】女の人
Fremdsprache【女性名詞】外国語
Freude【女性名詞】喜び
freuen【動詞】喜ばせる、［再帰］喜ぶ、
　　楽しみにする
★ Freund【男性名詞】友人、恋人
★ Freundin【女性名詞】女性の友人、
　　恋人
froh【形容詞】楽しい、うれしい
★ früh【形容詞】早い
fühlen【動詞】感じる
Füller【男性名詞】万年筆
★ für【前置詞】［4格と］～のために
Furcht【女性名詞】恐れ
fürchterlich【形容詞】恐ろしい

G

gähnen【動詞】あくびをする
Gang【男性名詞】通路
★ ganz【形容詞】全部そろった、【副詞】
　　全く、非常に
gar【副詞】すっかり
gar nicht【副詞】全く～ない
★ geben【動詞】与える
Geburtstag【男性名詞】誕生日
gefallen【非分離動詞】気に入る
Gefühl【中性名詞】感情、感覚
★ gegen【前置詞】［4格と］～に対して
★ gehen【動詞】行く
gehören【非分離動詞】属する

★ Geld【中性名詞】お金
Gelehrte【形容詞の名詞化】学者
gemütlich【形容詞】居心地のよい
genau【形容詞】正確な
★ genug【副詞】十分に（＝ *enough*）
gerade【形容詞】まっすぐの、【副詞】ち
　　ょうど
Gerät【中性名詞】器具
★ gern（e）【副詞】喜んで、好んで
Geschenk【中性名詞】プレゼント
Geschichte【女性名詞】歴史、物語
Gesicht【中性名詞】顔
Gespenst【中性名詞】幽霊
★ gestern【副詞】昨日
gesund【形容詞】健康な
Glas【中性名詞】ガラス、グラス
glauben【動詞】思う、信じる
gleich【形容詞】同じ、【副詞】すぐに
Glück【中性名詞】幸運、幸福
Gott【男性名詞】神
grauen【動詞】ぞっとする
Griechenland【固有名詞】ギリシア
★ groß【形容詞】大きい
Großmutter【女性名詞】祖母
Großvater【男性名詞】祖父
grün【形容詞】緑色の
gründen【動詞】創設する
Grundlage【女性名詞】基礎
Gruppe【女性名詞】グループ
gültig【形容詞】有効な
★ gut【形容詞】良い

H

★ haben【動詞】持つ（＝ *have*）
halten【動詞】保つ、とり行う
★ Hand【女性名詞】手
Handapparat【男性名詞】参考図書
handeln【動詞】行動する、［es handelt
　　sich um ...］～が話題となっている
harmlos【形容詞】無害な
Hauptstadt【女性名詞】首都
★ Haus【中性名詞】家
Hausaufgabe【女性名詞】宿題

Heft【中性名詞】ノート
heiraten【動詞】結婚する
heiß【形容詞】熱い、暑い
heißen【動詞】〜という名前である
★ helfen【動詞】助ける
herausfinden【分離動詞】見つけ出す
herausstellen【分離動詞】強調する、［再帰］証明される
herumtragen【分離動詞】持ち歩く
herunterladen【分離動詞】ダウンロードする
★ heute【副詞】今日
★ hier【副詞】ここで
hinaus【副詞】外へ
hinter【前置詞】［3格と］〜のうしろに、［4格と］〜のうしろへ
hinunterlassen【分離動詞】おろす
Hinweis【男性名詞】ヒント
★ hoch【形容詞】高い
hoffen【動詞】期待する、望む
hoffentlich【副詞】〜だといいのだが
★ hören【動詞】聞く
Hörsaal【男性名詞】講義室
Hund【男性名詞】犬
Hunger【男性名詞】空腹

I

Ideal【中性名詞】理想
Idee【女性名詞】考え
★ immer【副詞】いつも
★ in【前置詞】［3格と］〜の中に、［4格と］〜の中へ（＝into）
Institut【中性名詞】研究所
interessant【形容詞】興味深い
Interesse【中性名詞】関心、興味
interessieren【動詞】興味を起こさせる、［再帰］興味を持つ
irgendwann【副詞】いつか

J

★ ja【副詞】はい
★ Jahr【中性名詞】年
Japan【固有名詞】日本

Japaner【男性名詞】日本人
★ jeder【不定代名詞】どの〜も（＝every）
jemand【不定代名詞】だれか（＝someone）
★ jener【指示代名詞】あの（＝that, those）
★ jetzt【副詞】今
jung【形容詞】若い
★ Junge【男性名詞】少年

K

Kaffee【男性名詞】コーヒー
★ kalt【形容詞】寒い、冷たい
Kapitel【中性名詞】章
kaputt【形容詞】壊れた
Karte【女性名詞】カード
Käse【男性名詞】チーズ
Kasten【男性名詞】箱
Katze【女性名詞】猫
kaufen【動詞】買う
★ kennen【動詞】知っている
Kenntnis【女性名詞】知識
★ Kind【中性名詞】子ども
Klausur【女性名詞】筆記試験
★ klein【形容詞】小さい
klopfen【動詞】ノックをする
klug【形容詞】賢い
Kneipe【女性名詞】居酒屋
kochen【動詞】料理する
Koffer【男性名詞】スーツケース
komisch【形容詞】こっけいな
Komma【中性名詞】コンマ
★ kommen【動詞】来る
★ können【話法の助動詞】〜することができる、〜かもしれない（＝can）
Kontrolle【女性名詞】コントロール
konzentrieren【動詞】集中させる、［再帰］集中する
Konzert【中性名詞】コンサート
Konzertsaal【男性名詞】コンサートホール
Kopf【男性名詞】頭
Kopie【女性名詞】コピー
kopieren【動詞】コピーする

kosten【動詞】～の値段である
Kraft【女性名詞】力
★ krank【形容詞】病気の
Krieg【男性名詞】戦争
Kritik【女性名詞】批評
Kuchen【男性名詞】ケーキ
Kugelschreiber【男性名詞】ボールペン
kurz【形容詞】短い
Kuss【男性名詞】キス

L

Laden【男性名詞】店
Lage【女性名詞】位置、状況
Lampe【女性名詞】ランプ
★ lang【形容詞】長い
lange【副詞】長く
langsam【形容詞】ゆっくりした
★ lassen【動詞】そのままにしておく、【助動詞】～させる
laufen【動詞】走る、歩く
Laune【女性名詞】気分
laut【形容詞】（音が）大きい
Leben【中性名詞】生命、生活
leer【形容詞】空っぽの
★ legen【動詞】横にする、置く
Lehrer【男性名詞】教師
Lehrerin【女性名詞】女性の教師
lehrreich【形容詞】ためになる
★ leicht【形容詞】軽い、簡単な
leider【副詞】残念ながら
leihen【動詞】借りる、貸す
leise【形容詞】静かな
Leistung【女性名詞】成果、機能
leiten【動詞】導く
Leiter【男性名詞】リーダー、長
Lektion【女性名詞】課
★ lernen【動詞】学ぶ
★ lesen【動詞】読む
★ Leute【複数名詞】人々
Lexikon【中性名詞】事典
lieb【形容詞】好ましい
Liebe【女性名詞】愛
★ liegen【動詞】横たわる

Linie【女性名詞】線
link【形容詞】左の
Liste【女性名詞】リスト
Literatur【女性名詞】文学、文献
loben【動詞】褒める
lösbar【形容詞】解決できる
losfahren【分離動詞】出発する
Löwe【男性名詞】ライオン
Lust【女性名詞】意欲

M

★ machen【動詞】する、作る
★ Mädchen【中性名詞】女の子
man【不定代名詞】（一般に）人（は）
mancher【不定数詞】かなりの数の
★ Mann【男性名詞】男の人
Manuskript【中性名詞】原稿
Material【中性名詞】材料、資料
Medien【複数名詞】メディア
★ mehr【形容詞】より多くの、［否定と一緒に］もはや～ない
mehrmals【副詞】何度も
meinen【動詞】思う、言う、意味する
Meinung【女性名詞】意見
melden【動詞】報じる、届け出る、［再帰］申し込む
★ Mensch【男性名詞】人間
merken【動詞】気付く、［再帰］覚える
millionenfach【形容詞】百万倍の
★ mit【前置詞】［3格と］～とともに、【副詞】一緒に
mitgehen【分離動詞】一緒に行く
mitkommen【分離動詞】一緒に来る
Mittelpunkt【男性名詞】中心
Mitternacht【女性名詞】真夜中
★ mögen【話法の助動詞】好きである（= like）、かもしれない（= may）
Möglichkeit【女性名詞】可能性
Moment【男性名詞】瞬間
Montag【男性名詞】月曜日
★ Morgen【男性名詞】朝
★ morgen【副詞】あした
müde【形容詞】疲れた、眠い

mündlich【形容詞】口頭の

Museum【中性名詞】博物館

★ müssen【話法の助動詞】～しなければ
ならない、～に違いない（＝ *must*）、［否
定］～しなくてもよい（＝ *not have to*）

★ Mutter【女性名詞】母

N

★ nach【前置詞】［3 格と］～のあとに、
～に向かって、～によれば

nachdem【接続詞】～したあとで

nachdenken【分離動詞】熟考する

nachgeben【分離動詞】譲歩する

nachher【副詞】あとで

Nachmittag【男性名詞】午後

Nachricht【女性名詞】ニュース

★ Nacht【女性名詞】夜

Nachzügler【男性名詞】遅れて来る人

Nagel【男性名詞】くぎ、爪

nah【形容詞】近い

★ Name【男性名詞】名前

Nation【女性名詞】国家、国民

Natur【女性名詞】自然

neben【前置詞】［3 格と］～のとなりに、
～と並んで、［4 格と］～のとなりへ

Nebenraum【男性名詞】隣室

★ nehmen【動詞】取る、受け取る（＝
take）

★ nein【副詞】いいえ

★ neu【形容詞】新しい

★ nicht【副詞】～ではない（＝ *not*）

★ nichts【不定代名詞】何も～ない（＝
nothing）

nicken【動詞】肯く

niemand【不定代名詞】だれも～ない（＝
no one）

Nobelpreis【男性名詞】ノーベル賞

★ noch【副詞】まだなお、［否定と一緒に］
まだ～ない

nochmals【副詞】もう一度

Notiz【女性名詞】メモ

notwendig【形容詞】必要不可欠な

★ nur【副詞】～だけ（＝ *only*）

nützlich【形容詞】役に立つ

O

★ ob【接続詞】～かどうか（＝ *if* /
whether）

Obst【中性名詞】果物

obwohl【接続詞】～にもかかわらず

Öde【女性名詞】荒れ地

★ oder【接続詞】あるいは（＝ *or*）

★ oft【副詞】しばしば

★ ohne【前置詞】［4 格と］～なしに（＝
without）

P

Packung【女性名詞】パック、一包み

Party【女性名詞】パーティー

Passant【男性名詞】通行人

Pause【女性名詞】休憩

Personalabbau【男性名詞】人員削減

Perücke【女性名詞】かつら

Pfeife【女性名詞】パイプ

Physik【女性名詞】物理

Physiker【男性名詞】物理学者

Plan【男性名詞】計画

praktisch【形容詞】実践的な

probieren【動詞】試す

Professor【男性名詞】教授

Projekt【中性名詞】プロジェクト

prüfen【動詞】試験する

Prüfer【男性名詞】試験官

Prüfling【男性名詞】受験者

Prüfung【女性名詞】試験

pünktlich【形容詞】時間どおりの

Q

Quelle【女性名詞】泉、源、資料

R

Radio【中性名詞】ラジオ

Rahmen【男性名詞】枠、枠組み

Ratio【女性名詞】理性

Ratschlag【男性名詞】忠告

rauchen【動詞】タバコを吸う

Raum【男性名詞】部屋、空間
Recht【中性名詞】権利、法律、正当性
rechtzeitig【形容詞】適時の、（時間的に）
　間に合う
Redner【男性名詞】演説者
Referat【中性名詞】（口頭の）研究発表
Regel【女性名詞】規則
Regen【男性名詞】雨
regnen【動詞】雨が降る
reiben【動詞】こする、磨く
reichen【動詞】足りる
Reihe【女性名詞】列、一連、順番
Reis【男性名詞】米
Reise【女性名詞】旅行
reisen【動詞】旅行する
roh【形容詞】生の、荒い
Rose【女性名詞】バラ
★ rot【形容詞】赤い
rufen【動詞】呼ぶ、叫ぶ
ruhig【形容詞】静かな、落ち着いた
Russisch【中性名詞】ロシア語

S

Saal【男性名詞】ホール
Sache【女性名詞】物、事
★ sagen【動詞】言う
Sahne【女性名詞】クリーム
sammeln【動詞】集める
schaffen【動詞】成し遂げる、創造する
Schatz【男性名詞】宝物
schenken【動詞】贈る
Schirm【男性名詞】傘
★ schlafen【動詞】眠る
Schlüssel【男性名詞】鍵
schmecken【動詞】味がする
Schmerzen【名詞の複数形】痛み
schneiden【動詞】切る
★ schnell【形容詞】速い
★ schon【副詞】すでに
★ schön【形容詞】美しい、すばらしい
★ schreiben【動詞】書く
Schuh【男性名詞】靴
Schule【女性名詞】学校、学派

Schweden【固有名詞】スウェーデン
★ schwer【形容詞】重い、難しい
★ Schwester【女性名詞】姉、妹
schwierig【形容詞】難しい
schwimmen【動詞】泳ぐ
schwingen【動詞】ゆする
★ sehen【動詞】見る
★ sehr【副詞】とても
★ sein【動詞】～である、～にある（＝be）
seit【前置詞】［3格と］～以来
Sekretariat【中性名詞】事務局、秘書課
Seminar【中性名詞】ゼミ、セミナー
★ setzen【動詞】置く、［再帰］座る
sicher【形容詞】安全な、確かな、【副詞】
　きっと
singen【動詞】歌う
sitzen【動詞】座っている
so【副詞】このように、非常に、【接続詞】
　したがって
Sofa【中性名詞】ソファー
sofort【副詞】直ちに
Sohn【男性名詞】息子
solcher【指示代名詞】そのような
★ sollen【話法の助動詞】～すべきである
　（＝should）、～だそうだ
Sommer【男性名詞】夏
sondern【接続詞】そうではなくて（＝but）
sonst【副詞】そのほかに、普段は、さも
　ないと
Sonntag【男性名詞】日曜日
Spanien【固有名詞】スペイン
Spanisch【中性名詞】スペイン語
Spaß【男性名詞】楽しみ、冗談
★ spät【形容詞】遅い
spazieren【動詞】散歩する
Spaziergang【男性名詞】散歩
Spiegel【男性名詞】鏡
Spiel【中性名詞】ゲーム、試合
★ spielen【動詞】遊ぶ、プレーする、演
　奏する（＝play）
Sprache【女性名詞】言語
★ sprechen【動詞】話す
Sprechstunde【女性名詞】面会時間

springen【動詞】飛び跳ねる

★ Stadt【女性名詞】都市、町

stark【形容詞】強い

statt【前置詞】［2格と］〜のかわりに

stattfinden【分離動詞】行われる

Stau【男性名詞】渋滞

★ stehen【動詞】立っている

Stelle【女性名詞】場所、位置、立場、職場

stellen【動詞】（立てて）置く

sterben【動詞】死ぬ

stolz【形容詞】誇らしい

stoßen【動詞】突く、ぶつける、ぶつかる

★ Student【男性名詞】大学生

Studentenausweis【男性名詞】学生証

★ Studentin【女性名詞】女子学生

studieren【動詞】大学で勉強する、専攻する

Stuhl【男性名詞】いす

Stunde【女性名詞】1時間

suchen【動詞】さがす

T

Tafel【女性名詞】板、黒板、食卓

★ Tag【男性名詞】日

tanzen【動詞】踊る

tapfer【形容詞】勇敢な

★ Tasche【女性名詞】かばん、ポケット

Tatsache【女性名詞】事実

Tee【男性名詞】紅茶

Teich【男性名詞】池、沼

Teil【男性名詞】部分

teilen【動詞】分ける

teilnehmen【分離動詞】参加する

Teilnehmer【男性名詞】参加者

Telefon【中性名詞】電話

Telefonnummer【女性名詞】電話番号

Tennis【中性名詞】テニス

Thema【中性名詞】テーマ、主題

These【女性名詞】命題

Tisch【男性名詞】机

★ tragen【動詞】運ぶ、持っている、身につけている

Traum【男性名詞】夢

treffen【動詞】命中する、出くわす

treten【動詞】歩み出る、踏む

trinken【動詞】飲む

trotz【前置詞】［2格と］〜にもかかわらず

trotzdem【副詞】それにもかかわらず

tschüs【間投詞】バイバイ

Tuch【中性名詞】布、タオル

tun【動詞】する（= do）

Tür【女性名詞】ドア

Tüte【女性名詞】袋

Typ【男性名詞】タイプ、型

U

★ über【前置詞】［3格と］〜の上方に、［4格と］〜の上方へ、〜を介して、〜に関して

übersetzen【非分離動詞】翻訳する

überzeugen【非分離動詞】納得させる

Übung【女性名詞】練習

★ Uhr【女性名詞】時計、〜時

★ um【前置詞】［4格と］〜の回りに、〜を求めて

umfassen【非分離動詞】包囲する、含む

unbekannt【形容詞】知られていない、面識のない

★ und【接続詞】そして、〜と

Universität【女性名詞】大学

unmöglich【形容詞】不可能な

★ unter【前置詞】［3格と］〜の下に、［4格と］〜の下へ

Unterschrift【女性名詞】署名

unterstützen【非分離動詞】支える

V

★ Vater【男性名詞】父

veranstalten【非分離動詞】開催する

vergehen【非分離動詞】過ぎ去る

verhalten【非分離動詞】［再帰］振舞う

versetzen【非分離動詞】移す

Version【女性名詞】型、版

verspäten【非分離動詞】［再帰］遅れる

Verspätung【女性名詞】遅延、遅刻

verständlich【形容詞】理解できる

verstehen【非分離動詞】理解する

versuchen【非分離動詞】試みる

verwandt【形容詞】親戚の、似通った

Verwandte【形容詞の名詞化】親類

verzeihen【非分離動詞】許す

★ viel【形容詞】たくさんの

Volk【中性名詞】国民

★ von【前置詞】［3格と］〜から、〜の、
〜によって、〜について

★ vor【前置詞】［3格と］〜の前に、［4格と］〜の前へ

vorbei【副詞】過ぎ去って

vorbeikommen【分離動詞】立ち寄る

vorbereiten【分離動詞】準備をする

Vorbild【中性名詞】模範

vorher【副詞】以前に

vorhin【副詞】先ほど

vorig【形容詞】以前の、すぐ前の

vorkommen【分離動詞】起こる、思われる

vorlesen【分離動詞】読んで聞かせる

Vorlesung【女性名詞】講義

vorschlagen【分離動詞】提案する

vorsichtig【形容詞】慎重な

Vorsitzende【形容詞の名詞化】会長、議長

vorstellen【分離動詞】紹介する、［再帰］
自己紹介をする、想像する

Vortrag【男性名詞】講演

Vorwort【中性名詞】序文

W

wach【形容詞】目が覚めている

Wachs【中性名詞】蝋（ろう）、ワックス

wachsen【動詞】成長する

während【前置詞】［2格と］〜の間に、【接続詞】〜している間に、〜の一方で（= while）

Wald【男性名詞】森

Wange【女性名詞】頬

★ wann【疑問詞】いつ

★ warm【形容詞】暖かい、温かい

warten【動詞】待つ

★ warum【疑問詞】なぜ

★ was【疑問詞】何が、何を

waschen【動詞】洗う

★ Wasser【中性名詞】水

★ weder【接続詞】［noch と呼応して］
〜でもなく〜でもない

weg【副詞】去って、離れて

wegen【前置詞】［2格と］〜が原因で

wegtragen【分離動詞】運び去る

★ weil【接続詞】〜だから（= because）

Wein【男性名詞】ワイン

weinen【動詞】泣く

weit【形容詞】広い、遠い

weiter【形容詞】さらなる

★ welcher【疑問代名詞】どの、【不定代名詞】いくらか

★ wenig【形容詞】少ない、【副詞】ほとんど〜ない

★ wenn【接続詞】〜のとき（= when）、
もし（= if）

★ wer【疑問詞】誰が

★ werden【動詞】〜になる、【助動詞】
〜される（受動態）、〜するだろう（未来形）

Wetter【中性名詞】天気

wichtig【形容詞】重要な

★ wie【疑問詞】どのように（= how）、【接続詞】〜のように

★ wieder【副詞】ふたたび

Wiese【女性名詞】草原、牧草地

★ wissen【動詞】知っている

Wissenschaftler【男性名詞】学者

★ wo【疑問詞】どこに

Woche【女性名詞】週

Wochenende【中性名詞】週末

wohnen【動詞】住んでいる

★ wollen【話法の助動詞】〜したい（= want）

womit【疑問詞】何とともに

woraus【疑問詞】どこから

Wort【中性名詞】単語

Wörterbuch【中性名詞】辞書

Wunsch【男性名詞】願い

Wurst【女性名詞】ソーセージ

Z

★ zeigen【動詞】見せる

★ Zeit【女性名詞】時間、時代

Zeitung【女性名詞】新聞

Zettel【男性名詞】紙切れ

★ ziehen【動詞】引く

Ziel【中性名詞】目標

Zimmer【中性名詞】部屋

★ zu【前置詞】［3格と］〜のほうへ、〜 するために、〜で

zuerst【副詞】まず初めに

zufrieden【形容詞】満足している

Zug【男性名詞】列車

zugleich【副詞】同時に

zuhören【分離動詞】耳を傾ける

Zukunft【女性名詞】未来

zurückkehren【分離動詞】帰る、戻る

zurückkommen【分離動詞】帰ってくる

★ zusammen【副詞】一緒に

zusammenhängen【分離動詞】〜と関係 する

zusammensetzen【分離動詞】構成する、 ［再帰］構成される

★ zwischen【前置詞】［3格と］〜の間に、 ［4格と］〜の間へ

Zwischenprüfung【女性名詞】中間試験

ドイツ語の世界、いかがでしたでしょうか？「これならわかりそう」「意外とすっきりしているのね」と思っているあなた、頭がドイツ語になってきましたね！「やっぱりごちゃごちゃしてわからないや」と思っているあなた、焦る必要はありません。どれか1項目だけでも、得意になってください！

文法は覚えるのではなく、理解するのが先決です。この本を通じて、1人でも多くの方にドイツ語を好きになっていただければ、とてもうれしいです。

なお、「もう一度基礎から、生の講義を聴きたい」「文法はわかったから、読解も学びたい」という方は、ぜひ昂教育研究所の扉をたたいてみてください。ご一緒に、ドイツ語への理解をさらに深めてまいりましょう。

最後になりましたが、かわいいイラストを描いてくださった田代まきさんと、企画の段階からお世話になり、多方面にわたってアドバイスをくださった高山みのりさん、そして今回の改訂に向けて一緒に案を練ってくださった東京図書の松井誠さんに、心からお礼を申し上げます。

2023年2月

宍戸里佳

●著者紹介●

宍戸里佳 （ししど・りか）

　桐朋学園大学にて音楽学を専攻したのち、ドイツのマインツ大学
にて音楽学の博士課程を修了。現在、桐朋学園芸術短期大学
非常勤講師（楽式を担当）および昴教育研究所講師（ドイツ語を
担当）。主な著書に『大学1・2年生のためのすぐわかるドイツ語』
／『大学1・2年生のためのすぐわかるドイツ語　読解編』／『独
作文でよくわかるドイツ語』（東京図書）、『英語と一緒に学ぶドイツ
語』／『しっかり身につく中級ドイツ語トレーニングブック』（ベレ出版）、
『基礎からレッスン　はじめてのドイツ語』（ナツメ社）、訳書に『楽
器の絵本』シリーズ（カワイ出版）がある。

　ドイツ滞在は、幼少期の5年半（1970年代）、思春期の4年間
（1980年代）、留学中の6年半（1990年代）の、計16年。
現地の幼稚園および小学校（1年次のみ）に通ったが、その後は
大学卒業まで日本語で教育を受け、ドイツ語は大学で学び直した。

昴教育研究所
昴教育研究所では、大学院入試の外国語対策に力を注ぐ傍ら、
様々な学問分野をまたいで、院試で提出を求められる研究計画
書や学術論文、また修士論文などの執筆の助言も行っている。
ウェブサイト：http://www.subarulc.jp/

新版 大学1・2年生のためのすぐわかるドイツ語

2008 年 5 月 25 日　　第 1 刷発行　　　　　　Printed in Japan
2023 年 4 月 25 日　　新版第 1 刷発行　　　　© Rika Shishido　2008, 2023

著　者　宍戸里佳
発行所　東京図書株式会社
　　　　〒 102-0072　東京都千代田区飯田橋 3 -11-19
　　　　電話● 03-3288-9461
　　　　振替● 00140-4-13803
　　　　ISBN 978-4-489-02400-9
　　　　http://www.tokyo-tosho.co.jp

◉これで、フランス語の単位は君のもの！

新版 大学1・2年生のためのすぐわかる**フランス語**

中島万紀子 著　　A5判 288頁 定価2420円　ISBN 978-4-489-02397-2

◉ドイツ語アタマになっていく！

新版 大学1・2年生のためのすぐわかる**ドイツ語**

宍戸里佳 著　　A5判 304頁 定価2420円　ISBN 978-4-489-02400-9

◉フランス語作文で自由に表現する力をつける！

仏作文でよくわかるフランス語

中島万紀子 著　　A5判 224頁 定価2640円　ISBN 978-4-489-02296-8

◉ドイツ語作文で自由に表現する力をつける！

独作文でよくわかる**ドイツ語**

宍戸里佳 著　　A5判 224頁 定価2640円　ISBN 978-4-489-02295-1

◉音声データと練習問題で実力もアップ！

改訂版 大学1・2年生のためのすぐわかる**中国語**

殷文怡 著　　A5判 304頁 定価2640円　ISBN 978-4-489-02280-7

◉やさしい語彙でスペイン語を楽しく学ぼう！

大学1・2年生のためのすぐわかる**スペイン語**

廣康好美、ホセファ・ビバンコス 著

A5判 240頁 定価2420円　ISBN 978-4-489-02288-3

東京図書